SOCIALDJURET

Evelina Varas

Till B, allting, alltid

Förord från författaren

Jag skrev de här texterna mellan 2014–2017. Det var år då jag förälskade mig, gifte mig, fick barn och skilde mig. Det var år då den största flyktingströmmen sedan andra världskriget nådde Sverige. Det var år då den inre och yttre världen byggdes upp, föll samman och byggdes upp igen. Och det var åren då jag började skriva aktivt, blev poet. Djupnade i språket. Tidvis drunknade.

Det var år som gjorde ont. Mitt i alltsammans kom det texter jag inte övervägde, sådant som kastades ut ur mig med samma hastighet som talade ord, blottande fraser som genom en knapptryckning gjordes offentliga. Jag ville inte tänka efter; försökte föregripa min egen prestationsångest genom att tvinga mig att klicka ut känslorna på en plats där de syntes. Och nu i en bok.

Texterna har korrigerats inför publiceringen men jag har inte ändrat dess ursprungliga innehåll. Styckena är inte daterade, med undantag för månadsangivelser vid sådana avsnitt som har en tydlig anknytning till politiska händelser och skeenden på en större arena än mitt köksgolv. Jag hoppas att boken går att läsa som ett sorts tidsdokument, men också som en resa genom en människa. Att alla de där fragmenten någonstans når igenom höljet av kortfattad elektronik och träffar dig där du behöver det, mitt i världen.
Den inre eller yttre.

Diktsamling är en beteckning i brist på ett mer passande ord.

Evelina Varas
Göteborg, november 2017

MODERSDJURET

Att vara gravid är det i särklass konstigaste som hänt mig. Konstigare än att flytta till Kina som nittonåring, konstigare än att försöka semestra i New York med en före detta sambo, konstigare än att vakna upp på okända platser utan minne av gårdagen, konstigare än att åka vilse med tåg i Rumänien, konstigare än att falla av från galopperande hästar och långt konstigare än att vara Högsta Förvaltningsdomstolens enda poet.

Och ändå har så otroligt många människor varit med om precis samma sak: att någonting växer därinne. Någonting som har potentialen att bli en egen individ. En människa som kanske ska överleva mig. Kanske den människa som kommer att sitta vid min bädd när jag en gång ska dö.

Att vara gravid är också att älska någon man aldrig träffat trots att denna person inte presterat ett dyft, eller ens bett om att bli älskad, och ändå veta helt säkert att den kärleken redan är större än alla andra kärlekar i bröstet, till och med starkare än känslorna för en make eller syster.

Att vara gravid är även att ha varit en självständig person i hela sitt liv – fastän vissa kallat det *hänsynslös* utan att ljuga – men plötsligt bli beredd att göra uppoffringar för någon. Att vara länkad till en annan varelse, dela näring och blodomlopp.

~~Att vara gravid är att ge upp.~~
Att vara gravid är att börja om,
med andra sorters steg.

Jag är här, jag är kvar, men jag undrar – vem är du? Vem ska du bli? Vad ska du säga en sen natt om tjugofem år, nedsjunken i en sammetssoffa med rödvinsglaset lyft, om din enda mamma? Att hon gjorde så gott hon kunde? Att hon inte gjorde nog? Att hon är en av de viktigaste personerna i ditt liv eller att du aldrig mer vill se henne?

Att bli gravid är att höja insatsen och därigenom uppleva rädsla av en art som aldrig funnits inuti förut.

Det är på liv och död nu. Det enda sättet det kan vara på.
Att vara gravid är att älska någon som kanske aldrig kommer att få födas.
Aldrig börja skolan. Aldrig växa upp.

Att bli gravid är att för första gången inte vara den självklara huvudpersonen i sitt eget liv.

Men mest av allt:
att vara gravid är att vara vid liv.

Att känna livet pulsera, bildas och omskapa sig i varje sekund. Att underkastad en uråldrig process betrakta kroppens stegvisa förändring.

Att vara gravid är det konstigaste som hänt mig, och det mest självklara.

Hej,

Vad gör du där inne och vem tänker du bli? Jag köpte kläder till dig för
första gången idag. I grönt och rött. Det kändes lite som otur, som för tidigt,
som att jag inte får. Höll på att börja gråta när jag valde ut det minsta plagg
jag kunde hitta. *Så liten får ingen vara.*

Jag vet inte hur stor du planerar att vara om du bestämmer dig för att
komma ut till oss i vinter, men förmodar att du kommer vara ganska dåligt
rustad för kylan.

Stanna där du är ett tag till och försök skaffa lite kött på benen.

Det här är sagan om den hösten då min navel plötsligt började bukta utåt istället för inåt och mina bröst växte tre storlekar på en enda månad. Det här är berättelsen om en kropp som intagits, som en dag stod bortom min egen påverkan.

Det här är sparkar i magen som väcker mig ur min slummer. Det här är självklart och obegripligt. Det här är hur jag ser ut nu. Det här är ingenting jag bestämmer.

Jag som kontrollerat. Jag som vetat; sagt hit men inte längre. Jag som bara gick med på att älska min kropp om den höll sig inom angivna ramar.

Det här är antitesen. Det här är uppvaknandet. Det här är acceptansen.

Det här är kärlek.

om jag ska berätta om den här världen för dig
måste det bli med sanning
jag kan inte låtsas att den är
ett hav av fruktiga pioner
alldeles utan fruktan och pina
den här världen är…
hur ska jag säga?
annorlunda mot hur du är van vid
det blir inte lika varmt och blött
längre fram
kommer det att bli lite mer kallt och torrt
kallt och grått som vissa säger
men jag säger att världen är
kall och färgglad
gladare än du är van att ha det
fast svårare
fast hårdare
fast mest av allt

annorlunda

mer som ett utbrott av krympande himlar
som växer och spricker och krymper igen
medan galopperande tigrar
sjunger sin hungriga morgonsång
och läskande tekoppar ryker ur sina skorstenar
vid skymningen precis innan
stjärnorna går till sängs

jag menar
världen är mer än en sak
och låter sig inte så enkelt beskrivas
i en enda handvändning

på andra sidan jorden:
ett tåg kör in i en bergvägg
någons hus rinner bort med floden
en liten farbror har tappat sin plånbok
sanden torkar ut och haven storknar

och här hos oss:
ett vulkanutbrott av spagetti ur lådan
alldeles okokt opassande

så hur jag ska beskriva den här världen för dig
alldeles utan att ljuga

du får väl komma ut och undersöka själv
du får väl ta dina händer och armar
och tänder och ögon och smaka
friskt och förlåtande på allt
som inte är giftigt
du får väl vakta dig noga och ta dig i akt
ta med tropikhatten
och solkräm och hallonkräm och skokräm
och annat som är bra att ha
i en liten necessär kring halsen
så att den aldrig ligger kvarglömd på tåget

och små läderstövlar och en rutig halsduk
så att nordanvinden aldrig
får något ordentligt tag om ditt hår
så ska vi vässa dina tänder
och förse dig med klor
världen är inte farlig
inte precis farlig men
annorlunda mot hur du har det nu
så långt jag förstått
har du inte förberett dig särskilt väl

visst gör du små krumbukter
som lurar min mage
att bukta hit och dit
men förberedelser kan det knappast kallas
du gör det på infall
har väl knappast skaffat dig
en inplastad handlingsplan
har jag rätt eller fel?

tänkte det

du har då verkligen inte
planerat det här särskilt noggrant
det blir väl jag som får lösa det
kan jag tro
så jag försöker bara berätta att
det blir lite annorlunda
mot hur du är van att ha det

kanske torrare och kallare
eller rentav lite blåsigare
och kanske ska det lukta
konstigt av kapsyler
eller kanske ska du tycka att det är fult

eller kanske tycker du att det är fullständigt förtätat
fyllt av fladdrande föremål för dina fantasier
att fantisera sig frodiga fritt framför

men annorlunda blir det och då måste du förstå:

att ingenting av detta går att förstå

Det börjar med en föraning: kaffet smakar lera, går inte att dricka, häll ut! Lämna gatstenarna brunblaskigt våta bakom dig, uteserveringen åt sitt öde.

Det blir värre; från och med nu kommer det alltid att bli värre. Din sjukdom brännmärker dig, du ser ingenting. Ditt tillstånd försämras gradvis.

Först lägger du inte märke till det, lever ditt liv som vanligt. Du rensar ut ett hem, inleder en lång resa, cyklar genom vinodlingar med din gröna tröja knuten hårt kring midjan. Vinet gör dig inte längre berusad. Du avsäger dig alla positioner och står nu vidöppen, talar om höstens flyktplaner.

Sanningen kommer plötsligt, eftersom det är enda sättet för en sanning att anlända på. Den känner inga andra metoder. Du står med båda fötterna rotade i golvet när du får reda på att livet förändrats. Spridningen är oåterkallelig.

Nu går förloppet mycket fort, trots att sjukdomen ännu inte antagit fysiska proportioner. Den härjar i ditt medvetande, håller dig vaken. Du drabbas av en stor kärlek – det är slitna ord. Du drabbas av någonting värre, det är större än så. Det är en obotlig känsla.

Du kullkastar höstens flyktplaner, livets konturer, din identitet. Du anpassar dig. Du ligger på golvet. Efteråt är du tjock och trött. Du borstar bort smulorna från ditt senaste mellanmål. Den du ser i spegeln vill inte kännas igen. Sedan borstar du skorna, mattan, huset, krukväxterna.

Du slutar borsta håret, det yttre har spelat ut sin roll. Lever endast i ditt inre.

När folk ringer på dörren ber du dem att gå. Du vattnar murgrönan långsamt.

Du läser ännu böcker, du klarar fortfarande inte av kaffe, du börjar ta långa promenader för att i korta stunder leka att kroppen fortfarande är din egen, att den inte förvandlats till ett härbärge, intagen av någon annans livslust.

En dag är du utraderad. Du märker att det blivit januari, vattnet är grått, staden fortgår bortom dina gränser. Ditt enda fokus är den bultande klumpen mitt på kroppen, platsen där förvandlingen redan ägt rum. Du vill ingenting annat. Du inbillar dig att detta är sjukdomens sista fas.

Du har fel. Nu, liksom då och i alla tider, har du fel. Du vet det utan att förstå. Instinktivt anar du att det tidigare livet för alltid glidit undan, du är nu i någon annans våld; du känner henne inte, hon är en främling. Du väntar på henne dag och natt, du kan inte längre sova, du är inte intresserad av ditt eget liv. Du vill bara ha hennes, i dina händer. De säger att hon kommer snart men du tror dem inte.

Allt detta skedde under sjukdomens första nio månader. När de är över tilltar styrkan, bedarrar stormen inte, påbörjar du ett livslångt lopp. Du tror att du är lycklig.

min inkorg

är fortfarande full

av inbjudningar

till klubbar

med secret playrooms

nära floden Spree

vet de inte att jag

är gravid

eller

vet de

för en vecka sedan

skrek jag

av smärta

och nu finns du

hur är det möjligt

att du finns

med ögonen

fulla av fransar

huden sömnigt len

att det var dig

och ingen annan

vi väntade på

du som fyller sju dagar

och numera

finns

.

Om döden händer mig tar någon annan hand om dig. Om döden händer dig händer döden också mig. Jag kan inte leva om jag inte får se dig springa, cykla, sjunga, dansa, svära.

Du ska lära dig leva utan mig, men aldrig jag utan dig.

Jag älskar dig. Det gör mig rädd för döden, och livet.

I den allra djupaste tacksamhet över att ha varit din mamma en dag till, trots att jag ofta önskar att jag orkade och förstod ännu mer, visste vad dina gurglingar och små rop betydde, nu när jag redan gjort sådant jag sa jag aldrig skulle göra: rimmat på ditt namn, pratat med gullig röst. Hela dagarna använder jag den rösten, säger igen och igen hur mycket jag älskar dig fastän kärlek inte går att kvantifiera i ord. Ingen kärlek, men särskilt inte denna. Du kan inte förstå, inte på det viset – du måste bli visad. Kärleken manifesteras i kropparna, din och min. Hur de interagerar med varandra, integreras i varandra.

Jag som varit och är en kvinna av ord sitter handfallen bland formuleringar och frågor, ber din pappa trösta gråten för pappa har trygga händer och en röst som sjunger Bob Marley. Mamma älskar dig runt hela jorden och tillbaka men ibland förstår mamma ingenting, för mamma är mer tanke än känsla, mer ord än kropp, mer teori än praktik, mer kvantifierande än hon önskar. Saknar den där intuitionen, läser om bebisar i en bok.

Jag vill berätta hur besinningslöst mycket jag älskar dig, hur vacker du är när du dreglar i sömnen – men det är genom min blotta närvaro jag kan få dig att förstå, inte genom dessa rimmade haranger på gulligheternas språk som jag med sockerkryddad stämma viskar fram till dig vid dygnets alla timmar.

Ändå är jag tacksam nu, när jag fått vara din mamma en dag till, och en annan dag bortom din analfabetism ska jag visa alla dessa ord och du kommer väl att skämmas kan jag tro. Men du är tidernas största förälskelse. Och allt jag begär är att du finns.

min älskling, du vill inte sova
varför skulle du sova då natten är ung
och livet självt andas nyhet
barndomen ännu vilar oförbrukad
varför skulle du avvakta
med att anta utmaningen
att åta dig livet
varför skulle du drömma
när vakan innehåller alla fantastiska moment
vem bryr sig överhuvudtaget
om snoriga mödrar med feber
vad spelar deras igentäppta näsor för roll
när natten är ung och barnet ännu yngre
har allt kvar att upptäcka
ingen tid att försaka åt sömnens dvala

sömniga mödrar kan fara åt fanders
kvar ligger döttrar
med alla vakna drömmar intakta
tankarna fulla av outforskade spår
timmarna heliga
natten orörd

Jag är bröst nu, är amningsinlägg och amnings-bh. Är beroende av stödet, har plötsligt mycket bröst. Oroar mig för dem, klär på dem varmt när vi går ut för herregud, mitt barn är pyttelitet och behöver dessa bröst för att växa. Jag är mjölkproducent, är livrädd för att maten ska sina, äter fastän jag inte känner hunger för att säkerställa att hon ska slippa svälta. Min kropp är fortfarande inte min. Den tillhör ännu henne, liksom den gjort i nio månader.

Igår rann inte mjölken som den skulle och jag kände skuld. För jag är bröst nu, är reducerad till biologi. När jag inte förmår producera tillräckligt saknar jag värde. Med gnagande dåligt samvete såg jag hennes pappa värma ersättning. Kände mig överflödig och bortvald.

Och det är fel, jag vet att jag har fel, vet att jag har rätt, rätt att finnas till i vilket fall som helst. Vet att jag är mer än bara bröst, men det känns inte så. För jag är bröst nu, är reducerad till min egen biologi och kan inte tänka klart.

I flera dagar har jag försökt fånga vad det är som händer, men sådant låter sig inte fångas in – är oinfångerligt. Det sista ordet finns inte, eller fanns inte fram till nyss. Den här kärleken fanns inte fram till nyss, nu finns den. Jag är under täcket, isen, himlen, känslan, skeendet. Jag är inuti ett händelseförlopp och kan inte fånga vad som sker medan det ännu pågår.

Men det slutar inte, får inte sluta. Ska jag lyckas fästa någonting av det här i ord måste det ske mitt i rörelsen, för den stannar aldrig upp, får inte stanna upp. Min hjärna fortsätter att producera de mest bisarra bilder av hur hon skadas, krossas, faller, går sönder, itu, i bitar, hur hon försvinner bort från mig. Blir uppäten, till och med, och där hade jag en liten diskussion med min hjärna:

"Uppäten? Hur många rovdjur och kannibaler finns det i Majorna?"

Rädslan handlar inte om sannolikhet eller rimlighet eller ens möjlighet. Den handlar om en grundläggande instinkt, mycket starkare än jag någonsin kunnat förutse. Så jag vaknar i natten och söker, måste höra henne andas, kontrollera de livsuppehållande funktionerna. Måste veta att hon finns. Att hon fortfarande finns. Det är allt jag behöver veta.

Vi är under täcket, isen, himlen, känslan, skeendet. Kråkorna försvinner bortom Älvsborgsbron och jag har redan insett att nu är allting annat sekundärt, i evighet. Om hon inte finns vill inte jag finnas. Därför riktar jag all min ansträngning dit: försöker se till att hon fortsätter finnas. Att vi fortsätter.

Sekundärt betyder inte oviktigt, det betyder sekundärt.

Det finns inga perfekta mammor. Det finns inga perfekta pappor. Det finns inga perfekta föräldrar. Det finns inga perfekta människor. Det finns ingen perfektion. Jag kommer att såra henne, skada henne, förstöra henne. Jag kan inte heller skydda henne från omvärlden, men ibland kommer jag personligen att vara orsak till hennes lidande.

Lyfter hennes minimala kropp ur sängen och träffar lampan, hennes huvud slår emot glaskupan. Hon skriker. Jag ber om ursäkt hundratusen gånger. Hon förstår inte vad jag säger. Vaggar hennes kropp invid min, tänker att det är bra att hon gråter, har hört att det är bra. När de tystnar är det dags att ringa ambulansen.

Så lever vi under täcket, isen, himlen, känslan, skeendet. Och det hisnar. Och det fortsätter. Och jag är inte människa nog att hantera det här, men jag är människa nog att vara människa, utföra den uråldriga sysslan att hålla barnet vid liv. Så jag håller.

Håll kvar. Håll ut. Håll om mig.

För precis ett år sedan:

Jag vaknade på ett hostel i Cordoba, Argentina. Det var varmt i staden, vi visste inte vad vi gjorde där. Gick på gatorna, letade efter ett museum eftersom sådana ofta är utrustade med luftkonditionering. På vägen passerade vi ett apotek. Han behövde huvudvärkstabletter, jag spontanköpte ett graviditetstest. Det är så billigt med graviditetstest i Argentina; skulle bara kolla för säkerhets skull. Hade nyligen tagit ut en p-stav och kunde knappast vara gravid.

Han fick hjälpa mig att översätta instruktionerna. Vi satt fullt synliga på en parkbänk. Jag brydde mig inte, skämdes inte över att behöva kontrollera min livmoders eventuella innehåll. En buss stannade för rödljus framför oss, en man vinkade frenetiskt genom rutan. Pekade på testet i mitt knä och sedan på sin flickväns mage. Pussade den och gjorde tummen upp. Pekade på oss, log och vinkade igen. For iväg när ljusen slog om till grönt.

Vi strövade genom museets mörka hallar. Testet låg och glödde i min handväska, bar på en möjlig framtid. Jag var medveten om att det förhöll sig så, men ignorerade glöden. Förväntade mig samma gamla vanliga svar; ett ensamt streck och eftermiddagen fortsätter som ingenting. Vi skulle kanske sätta oss i skuggan, dricka ett glas vin. Skulle bara låta dagen gå.

Fotoutställningen visade sig porträttera mödrar tillsammans med sina barn, små såväl som vuxna. Likheten i dragen, ett visst uttryck i ögonen. Släktskap som trängde sig på. Testet glödde. Jag måste rusa till toaletten, slita stickan ur sin förpackning och placera den i urin. Jag har gjort det tusen gånger förut. Alltid ett ensamt streck.

För precis ett år sedan: två streck.

Två parallella evigheter fortsätter genom rymden, skapar en ny tid. Två streck sliter sönder alla föreställningar, raserar en långsam eftermiddag. Inget vin i skuggan. Ingenting är som förut efter två streck. Tio minuter senare gick jag nedför trappan. Han väntade utanför. Det hade börjat blåsa, vinden i mina ögon gjorde det svårt att avgöra varifrån tårarna kom. Vi kunde inte förstå, gick till nästa apotek, köpte ytterligare två test. Beställde apelsinjuice på en uteservering. En man kom fram till vårt bord för att dela ut gratis kondomer.

Restaurangtoalett, nytt test, nya streck, samma parallella evigheter. Jag var fortfarande gravid, enligt alla dessa argentinska graviditetstest. Blev rädd och ville vända på väg till graviditetskliniken, men läkaren var mycket förstående. Något foster syntes dock inte till. Kanske var det inte kvar, eller fortfarande för litet för att se på skärmen. Jag visste inte om jag ville vara en av alla kvinnorna med gigantiska ballonger framtill eller spola tillbaka tiden. Visste bara att jag skulle skydda mitt barn, alltid välja mitt barn.

Den natten vaknade jag svettig i rummet utan luftkonditionering, placerade mina valkiga fotsulor på kakelplattorna och genomförde ytterligare ett test. Fortfarande två parallella evigheter som rusade ut i natten och rymden, spände över kontinenter. Nu skulle det aldrig mer vara bara han och jag. Vi väntade en tredje resenär, vars namn vi ännu inte kände.

Precis ett år senare: mitt barn sover bredvid mig på sängen, medan jag skriver det här. Hon är klädd i svart och vitt. Hon finns, mer än någon annan någonsin funnits för mig.

6 månader. Ett liv, en tid, en era, allting, ingenting, jag minns inte livet före henne. Inga formuleringar kan någonsin ringa in hela känslan. Hon fanns inte, sedan fanns hon plötsligt till och nu finns hon, på ett högst påtagligt sätt; stjäl all vår tid och kräver tillvarons fulla uppmärksamhet. Växer och lär sig nya saker med förbluffande hastighet. Kryper runt på golvet, reser sig med stöd av möbler, står plötsligt och balanserar överallt.

Hur vet hon hur sådant går till?

Hon som nyss var ett litet knyte, mindre än så – en oliv inuti min mage. Nu: ett skrattande inferno med gröt i hela ansiktet.

De första orden vi sade till henne:
"Där är du ju."

Ett ansikte vi kände igen, som om vi redan setts. Det var självklart. Hon kunde inte ha varit någon annan, så fort vi fick syn på henne visste vi att det var just den personen vi hela tiden väntat på. För 6 månader sedan ändrades livet för alltid. För 6 månader sedan började livet.

Sov gott min älskade kerubis. Du är det vackraste jag vet. När du somnat gick din mamma till Ica för att köpa blöjor och drabbades av panik. Ju närmare man kommer sin historia, desto mer uppenbart blir det hur nödvändig expansionen är. Älskling, jag lovar att visa dig världen, se till att du får med dig språken du behöver, göra dig modig. Du ska aldrig någonsin behöva växa upp med likriktningens och omöjlighetens tecken kletade över din kropp. Jag gick till Ica klädd i svarta tights, svart t-shirt, kort svart jacka och vita sandaler med klack. Är exakt densamma som för tio år sedan men på andra sidan om min ungdom. Bara oändligt mycket mer benägen att skrika *håll käften* och kasta med håret nu. Jag längtar fortfarande iväg, drömmer sömnlöst om allt som finns att erfara och upptäcka, vet att resandet inte är ett tillfälligt projekt ämnat att slutföra utan ett livstidslångt beroende; har en minst lika stark glöd kvar innanför bröstbenet som bränner och viskar att längre bort är världen stor och vacker, allting är möjligt, det går att bli vem som helst. Du ska inte behöva växa upp omgiven av dessa normativa fördomsfulla inrutade uppskrämda inskränkta villagator. Du ska fortsätta att vara ett vilt och vackert barn, det vildaste och vackraste jag sett. Du ska inte ha en aning om vad som går för sig – vi uppfostrar dig till pirat! – du ska alltid veta att du aldrig behöver skämmas över dig själv. Ingenting hos dig kan vara fult; du är fulländad, vem du än blir. Älskade kerubis, jag vill att din potential ska vecklas ut och identiteten formas i en värld där magin är möjlig, som på platsen där det glöder inuti mitt bröst.

aldrig vakna
alltid somna
vara någons mamma
inte leva
livet loppan
sitta still och stanna
tiden
hemma inne
mosa lilla moset
inte kasta kniv och tallrik
le och vara rolig

alltid vakna
aldrig somna
gosa lilla goset
aldrig hamra
alltid stanna
vara söt och rosig
hela långa dagen
korv i magen
ketchupsprut i ögat
inte klaga
bara våga
akta den som törs

önska bortom bordskanten
ut i vida världen!

bortom bulle bricka bh

alltid sova
aldrig vila
inte orka drömma
mata livet
lilla kniven
mosa sista rosen
alltid leva
aldrig klaga
rapa lilla rapen
sitta stanna
alltid söva
längtan
att resa sig
och rusa

alltid vara
någons mamma
aldrig någons musa

Om morgnarna petar du mig i ansiktet med nyckelknippor och hoppar på min diafragma tills jag stiger upp och på dagarna petar du mig i ögonen med kletiga små vassa fingrar och matar mig med tuggad tomat och kastar dig handlöst från stolar och bord och stoppar pinnar och grus i munnen och vill aldrig gå hem från lekplatsen och om kvällarna täcker du köksgolvet med gröt och kastar min hårborste i toaletten och häller ett vattenglas över dig själv och välter ner en lampa och gömmer telefonen och måste hålla dig vaken fastän ögonen faller ihop men du är rädd att missa det roliga och senare på natten trängs du och kräver att få sova på fel håll i sängen så att du kan sparka mig i bröstkorgen och jag älskar dig över allting annat.

slitstarka vindar / vi går till affären / sedan går vi hem / kokar pastan och lyssnar på P1 / vi är levande / äter i tystnad med extra ketchup / tvärs över gården röker grannen / på bordet biblioteksböcker bland gamla kvitton / tittar på Pippi och dricker kaffe / snart ska du tappa bort fingervantar som ett riktigt barn / jag har alltid drömt om att släpa precis såhär tunga kassar till tredje våningen utan hiss / och vara alldeles verklig / en rotad höst medan regnet långsamt vänjer sig vid fallhöjden / vi är människorna intill berget / vi är vid liv / precis mitt i livets svepande nav / där det utan förvarning stannar till / universum inom promenadavstånd / tappa bort alla vantar du vill

Vi bor i det första huset av flera där socialrealismen glöder starkare än löven invid berget där vi tumultar i mossan och sätter vårt namn på dörren medan rutschkanan regnar och grannarna sprudlar och vi långsamt lär vägarna andas. Idag har jag sprungit och sjungit bakom vagnen medan du dirigerade. Idag har jag konfiskerat varma läppar medan du samlade bananskal. Idag har jag skrovlat spröda stämman salt medan du lärde dig kurragömma. Idag har vi än en gång rymt en livstid mellan huskropparna på vår gata. Vi bor i det första huset med köksgolvet fyllt av damm pumpafrön sand brödsmulor paprika där egentligen ingenting kunde varit annorlunda. Keramiken portugisisk men hjärtslagen universella.

Höstens alla uppvaknanden med små fötter pressade mot bröstkorgen, i lånade hästlakan, invid regniga fönster, omringad av vardagen och ändå på väg ifrån den. Mitt huvud är alltid i rörelse. Jag frågar: "Vem är du?". Hon svarar: "Bobbo!", pekar på magen och skrattar. Kräver Pippi-tofsar i håret 06:43. Själv är jag inte lika säker, kan inte riktigt säga vem jag är. Hemmet har blivit till ett universum och ändå åker jag bort, för att destabilisera identiteten och vandra genom mina versioner. Bobbo vill banka skosulorna och dricka mer havredryck. Idag är det torsdag.

Det började med att jag läste Duras sista bok och hängde en röd klänning från Paris i fönstret. Jag är säker på att det började just så. Med en hatt och vanan att bära rött läppstift för att maskera tröttheten. I viljan att gå hur långt som helst utan att väja, inte tänka efter, aldrig tveka. Hungern till sällskap utmed fiskrestaurangernas kanter. Ja, så skapas ett barn: genom att deras föräldrar vågar en orimlighet. Jag hängde min röda klänning i fönstret och sedan föddes du.

KÄRLEKSDJURET

Tre städer

New York

Hon väntar på honom i hotellrummets mörker men tar farväl utanför busstationen. Däremellan passerar sju dygn av bordskivor ingen torkat. Stryker med fingret över den rutiga skjortans knappar en sista gång och ser en livstid försvinna outforskad. Tänker på alla bagels de ätit till ingen nytta, meningslösa kaffekoppar.

Senare kommer hon inse att hennes teknik med cigaretter träffat fel hela den tiden. Det var därför hon klarade sig undan ett nikotinberoende, trots hans frenesi och benägenhet att stå utanför trapphuset i bara tofflorna.

De lägger sig i badkaret, hon dricker upp ölen och han gråter. Kakelväggar. De äter indisk mat, går på konstmuseum, besöker parken på det gamla tågspåret ovan staden, går på spelning i Brooklyn och dansar. Ser på baseboll, bär dyra solglasögon, sitter på baren under bron och köper rätt sorts second hand-kläder. Ingenting hjälper.

Endast på Bronx Zoo får hon tårar i ögonen, som snart torkar.

Hon är ung och vacker och dricker för mycket. Han är ung och vacker och säger ingenting. När hon vill fotografera honom med sitt hår framför hans ansikte protesterar han och skäms. Hon lämnar honom. Hon kommer att behöva göra om det. Men en av alla gånger hon lämnar honom är där och då.

Paris

Baren är den femte eller sjätte i ordningen, men konversationen förblir
densamma. Det är en undersökning: dyka i det som inte finns, gräva
hudgropar och repa såren färska. Alla fakta står på deras sida men hon kan
inte få lungorna att fungera.
Han har slutat att be henne försöka älska honom.

Hon älskar honom som ett litet djur hon skadat utan att mena det.
De går i parken på det gamla järnvägsspåret ovan staden, hon har kameran
med sig och han gör sig fint mot fasaderna i oktoberljus. Viftar med kartan,
rker cigaretter och skjuter glasögonen mot näsroten tills de sitter på plats.
Försöker ta sig in i blickfånget.

De dricker mycket, dyrt och gott. Duschen på hotellet fungerar inte och hon
tappar baguette i sängen så att de måste utföra sina ritualer bland kolhydrater
som gör huden öm. Hon vill ha det så.
En gemensam tröst för hans egen sorg.
    ”Jag trodde inte att du fanns.”

Och sedan finns hon inte mer.

Madrid

De går in på den röda baren. Hon kräver cañas som serveras med en blandning av potatis och kött på ett litet fat vid sidan om. Han äter med hennes äcklade ögon mot sina kinder, hamstertuggar bollar av avlagda kroppsdelar. Ett djur inuti ett annat; en värld tar över och slukar den första.

Hon dricker fort eftersom öl nästan är juice. De små glasen blir en ursäkt för att dricka fler, liksom den elementära lokalen utgör skäl nog för att stanna. Hon kräver att de fortsätter. Som alltid. Nästa bar har kakelväggar. Rödvinet serveras med kycklingben. Han ber att få byta till potatis. Hon äter upp allt och stoppar gaffeln i väskan, är beroende av tillgången på små bestick, bär dem som smycken. Leksaker. De spelar teater för en ointresserad publik utan insikt om manusskribenternas omätbara logik, tristess och målmedvetenhet. Låtsas kyssa varandra för första gången. Läpparna snubblar på rispade flagor. Torra, köttiga, hårda. Det är tredje gången den här kvällen; skådespelet blir allt mer fulländat trots berusningens tilltagande fantasilöshet. Kanske genom den tunnel glasen lurat dem till, den enda plats där de vill vara, en avslappning som förtar hjärnans funktioner och manar till koncentration.

"Jag är med rätt person. Det gör ingenting enklare, men det gör livet möjligt."

Orden kunde fallit i vackra flingor på hans axlar, som mjäll efter sommarens alla bad. Men de regnar i askmoln och träffar med snedvriden syntax i regionerna kring diafragman. Hon kan inte uttala dem ordentligt eftersom det sitter fast för mycket tänder i hennes mun. Han vill dö när han hör henne tala.

I.

Under dessa stillastående himlar förblir vi siluetter vilka förgås inför insikten om en möjlig morgondag. Du gör mig halv med dina smeksamma månader, jag blir till liv i greppet av hundratals händer. Innan natten är över ska stjärnorna ha beblandat sig med askan på balkongen ovanför spårvagnsnätet, en ensam kroppspulsåder invid historielösa leder. Stadens enda hav är trafiken, oförsvarligt långt bortom serveringars stillsamma ändlöshet. Och sedan: utom tiden.

II.

Bortom de rörliga jordarna ska vi bli till kroppar, kroppar vilka föds ur blindheten hos en outtalad gryning. Jag integreras långsamt, du växer om krukväxterna som torkat till lera på bortglömda möblers dammbeströdda ryggar. Efter att dagens återkomst inväntats kommer jorden att ligga stilla nedanför balkongerna på vår sida av universum, bortanför trafiken.

Om dagen står värmen stilla i väntan på händelser
På natten spelar det ingen roll vilka sånger vi sjunger

Tvivlen faller, regnet blöter mina axlar

Jag har omhuldat mina ord tills de blivit urvattnade växtdelar
Du har precis upptäckt att pergolan står i slingrande blom
Och ändå förstår vi ingenting

Himlen blåser upp till storm i viken
Flaggan på halv stång för en sommar som aldrig blev av

Det finns inget namn på den här staden, inga trappräcken
och ingen leda
Kolonisationen fortgår med nya titlar för varje säsong

Jag om någon borde veta att berättelsen alltid har en given utgång
Någon gång måste barnet sova
Någon gång måste alla sova
Även jag
Även du

Vi slåss mot en årstid men strider förgäves
Plötsligt djupnar väntan under mina ögonlock

Skriken tystnar när natten dör ut
Stillhet över gräsmattorna och havet

Vi väntar på ett svar
Det är mycket värt att vänta
Väntans värld, allting

Om det här är ett misstag är jag van
Klädsamt avklädd och försonad med tanken
på fältens strävhet mot min hud
Just i natt hinner ingen dö

Delad månad, delat rågmjöl, delad stad, delat land
delade dagar av lata fötter

Då det saknas tillräcklig bevisning för att beivra brott
anmodas klagande att hemställa om återställande av försutten tid
till närmaste lokala patrask

Du är fortfarande rädd för att dö men vågar inte riktigt lita på livet

Nu faller ljuset i flagor över sängen och jag är hemma igen
Helt omsluten av tiden
och din hand

Det finns en sorts väder som aldrig går över.

Bakom vilka himlar ska vi gömma oss för tidens tand?

Du, där. Jag måste få höra dig tala.

Placera fötterna på badrumsgolvets kakel inatt och bevisa för mig att det fortfarande finns ljud som hörs, ljus det går att sila under dörrar. Vi måste frigöra mitt språk. Det har försvunnit så länge nu.

Du, där. Du måste lära mig tala.

Det är inte längre nära till stadens epicentrum, tar en helt annan tid att finna vägen. En sorts livstid invid trafikplatser där allting lyser rött. Jag låg med vågornas dyningar ringande i öronen och tänkte på sådana resor vi aldrig företog oss.

Du, där. Jag är här. Det är jag alltid.

Regnet låter inte längre som förut, det har avtagit. Det finns väderlekar som saknar mönster. Det finns mönster som aldrig återkommer. Inuti en viss sorts lägenheter står vattnet och rinner i natten. Ställ dina fötter bredvid min säng så att jag kan höra om vi fortfarande andas.

Du, där. Berätta ifall jag andas.

Ingenting går förlorat för att jag faller i sömn. Det bara känns så. Vad är skillnaden mellan det som känns, och är?

Jag är här. Det är jag alltid.
Det är alltid jag som är här.

Och du, där. Ett andetag bort och en livstid.

Jag måste få höra mig tala med dig. Veta om vi kan.

Den här dagen är den sista
därför måste det ha funnits
en första
men den är inte nu
för denna dagen är
den sista
och efter den
följer inga andra dagar
som tillhör oss

vi har levt här
vi har faktiskt försökt att leva här
och vi har dött här
verkligen
blivit till aska och lera
på den första dagen sade jag:
att allting annat
är död och lera
och jag menade det
och jag fick rätt
och jag önskar
att jag haft fel

för den här dagen
är den sista

vi har väntat på den
förhalat den
fört förhandlingar med döden
men den här tomheten
är min nya hemvist
rummens tystnad
badkarets eskapism

jag har inte lärt mig att tala
hör du mig
genom väggen
av tid
tiden!
den går
det måste fortfarande vara så
att tiden fortsätter framåt
men det verkar inte så
inte här

den här sista dagen
varar för evigt
med bara fotsulor
som blöter ner
våra golv

de sista fotstegen
det måste funnits ett första
genom snön
invid en cykel
när du såg på mig
medan snön tätnade
tills du *verkligen såg på mig*
och sedan gick du därifrån

måste funnits andra dagar
första tillfällen
då vi spände bågen
mot alla stjärnhimlar
jag minns ett öppet fönster
med outhärdlig vårsol
vi som utgav oss för att vara immuna mot sådan
det fanns löskokt ägg och starkt svart kaffe
cigaretter
eftersom jag ville störa harmonin
men du upptäckte den ändå
och vi log förläget
inför utsikten
om att bli tvungna att repetera frukosten
sitta sådär i fönstret igen
med vårsolens charlatanska gapskratt i öronen

måste funnits
dagar
då vi flydde
och dem vi använde för att
ta oss tillbaka

jag minns ett regn
genom vilket det gick att anlända
utan ett höganäskrus kring halsen
men annars nästan så
i en storm genom ytterdörren
till en värld jag kallade min
där du lärde mig om
skuggorna på väggen
och målade ansiktet i tusen färgdimmor

det var där vi började existera
började skapa varandra
och där vi började förgöra varandra
förgöra, säger hon
jag skrev det på mitt bord
så jag visste
på strövtåg från jazzklubben
genom natten
visste jag redan allting

men inte utsträckningen
den definitiva ödeläggelsens absoluta åtaganden
såg inte porslinstallrikarna falla oändligt långsamt
genom natten
hörde ännu inga historiska rop
från ruiner

det här är
den sista dagen
snart faller natten
åter

den sista natten
faller
över mig
jag vill minnas dig
sådan du var i ett regn

den här dagen är den sista
då måste det funnits en första
när kom du till mig
genom snön
för att *verkligen se på mig*
och sedan
gick vi

därifrån

och sedan föll natten

och sedan blev allting återigen mycket stilla
som förut

på den sista dagen.

jag sa:
föreställ dig att vi är de sista människorna på jorden
du sa:
vi är de enda som är kvar
jag sa:
tänk dig att vi står på en klippa
du sa:
jag känner redan skrovligheten under fötterna

vågar du hoppa?
ja
vågar du?
så dumt, då dör vi
ja

det var så det gick till när vi dog
ungefär
fast det här är bara en dikt
det där var bara en dum liknelse
egentligen
var det inte alls så det gick till
men i teorin
var det samma sak

förutom att jag glömde nämna
att vi hetsade varandra
att vi klarade oss första gången
men klättrade upp igen
och föll ner igen
och sådär höll det på
i flera år

men den som varit död ett tag
lyckas sällan förbli liggande
jag stod på Lejonklippan
och bad
snälla knuffa
bara en luftfärd till
så ska jag dö som en snäll flicka sedan
men det enda som verkligen dog satt inuti mig

medan kroppen fortsatte att göra vad kroppar gör:
åt sov handlade på Ica tvättade kläder
glömde betala räkningar
glömde sin stolthet
och blev en sådan där förtorkad liten varelse
med nästan inget blod i köttet

som åker från ändhållplats till ändhållplats
i hopp om att nå en mental viloplats
i form av en insikt
jag är så förbannat trött på utsikter
framtidsutsikter är bara utkikspunkter
över ett landskap som aldrig blir av

om vi verkligen vetat hur livet går till
hade vi inte behövt springa därifrån

jag sa:
sätt dig ner ett tag, titta vinden har redan mojnat
du sa:
nej
jag sa:
jag skulle vilja prova att andas
du sa:
nej
jag sa:
du får inte bli arg nu men jag har hört att det finns sätt att
tänka på som gör att man inte alltid måste kasta sig mot
marken med full kraft utan att ta emot

men du sa nej

för du visste att den dagen du sa ja
skulle benen i min kropp läka
och jag skulle resa mig på dem
och gå därifrån
så du sa nej
för du var van att se mig ligga

jag sa:
föreställ dig att vi är de första människorna på jorden
fantisera en ny dag
annan årstid
andra skeenden
fabulera en fiktion värdig att förföras utav
när du vågat sluta förgås
du sa:
vi är de enda som är kvar, när ska du förstå det?
i ett postapokalyptiskt förhållande
återstår inga omtagningar

(mulen dag, ingen himmel att tala om)

jag sa:
tänk dig att vi står på den platta våta jorden
och gräver en grop
varur det kommer att växa päron

du sa:
jag känner redan till den döda jorden
under dina fötter
ingenting tränger igenom

jag sa:
våren är redan här
du sa:
hösten avtar och efteråt följer tomhet

jag sa:
regnet faller
du sa:
torkan börjar nu

men vi förblev tysta
och sedan började jag sjunga

Tomheten mellan oss är platsen där liv skapas, en plats för kärleken att uppfinnas på. Kärlek uppstår endast på sådana platser. Bara vid dessa ödelagda platser går det att förstå vad kärlek är. Flimret i mörkret. Tveksamheten hos ett *kanske*.

Men det är inte ett av Duras *kanske*. Ingen kan skriva *kanske* som Duras. Ingen kan beskriva potentiella verkligheter och minnesförluster som Duras. Duras gör inga omtagningar. Prövar inte verkligheten på nytt men gör den till flera pågående verkligheter vars komprimerade ögonblicksbilder sträcks ut i oändlighet. Duras skriver *kanske* endast när det är nödvändigt. För Duras är *kanske* inte ett uttryck för tvekan eller tvetydighet. Duras *kanske* är en exakt beskrivning av oändligt många verkligheter.

Jag kommer aldrig att kunna skriva som Duras. Inte älska heller.

Dvalvaka

sömnlandskap
efter trädens skugga
ska jag lära mig
lövens trans

i vinterns sista nätter
sakta spana
över ländryggen
jaktens minsta nämnare

vilka bergfasta hjärtan
bävar inte
inför morgonen?

när händerna måste vandra sin egen väg
bort

Jag antar att det är för
att skriva om honom,
som jag alltid gjort.

Kroppen i mörkret.
Mörkret i mörkret.
En själ har undkommit åldrandet.

Han är redan yngre
än jag någonsin kommer att bli
eller haft möjlighet att vara.

Fortfarande vackrare
och jag älskar honom
som jag älskat kvinnor

--

och dig.

I polemik mot den text vilken jag borde skrivit men aldrig förmådde sammanfoga, i motstånd mot min egen framtid och med vetskap om vilka dårskaper jag varit förmögen att genomföra, samt i samklang med det moderliga sökljus vilket varit min last alltsedan barnsben, bestämmer jag mig för att återvända till det rena språkbruket sådant det var innan jag lät mig förledas av kärlekscharlatanens smeksamma alkoholism. Det finns rum som inte förändras trots att tiden går, och relationer vilka vi vandrar ut och in ur med samma gamla stövlar och höftskynken. Jag flydde ifrån min egen bristfälliga disciplin in i dina katakomber av lastbarhet och tomma chipsskålar, avslutade den själsliga restaureringen på förhand eftersom jag fann den alltför arbetsam. Tre år senare inser jag naturligtvis med all icke–önskvärd klarhet att jag endast sköt upp ett Sisyfos-arbete vilket trots sin hopplösa natur är mitt att utföra, för evigt. Så länge jag gör motstånd är jag inte förlorad; det gäller oss alla. Under hundratals dagar låg jag fjättrad vid min bädd. Utanför fönstret växlade solen spår mot spräckliga fasader av sprucken sten, ockra som blev till guld under seneftermiddagen. Det var nyårsdag och karnevaler, staden var ibland Barcelona, Valparaíso eller Göteborg. Platser utan hållfasta namn. Alla städer består av gator som människorna trafikerar. Till och med i Venedig är det så; därför måste beskrivningen vara giltig för alla städer. Och vad är dessa gator utan stegen som faller likt snöflingor ovanpå de asfalterade ytorna, minnen som redan konsumerats så snart ett hörn är passerat, klackar vars klapprande inte kommer tillbaka, eller gör det men på andra tider och burna av andra människor vilka redan förändrats under loppet av den tid det tar att dela en konversation över kaffe med en främling? Bara stenar.

Man vet aldrig när någonting börjar (människor kastar sig in i ens liv och lovar att inte vända upp och ner på det) men kan med smärtsam precision märka ut exakt när det tar slut – alltid vid en punkt långt tidigare än den sedan återberättade, för att undvika frågan "men om du redan visste?". Det tar slut den första soliga fredagseftermiddagen i Stockholm då allting borde kännas bra men inte gör det, när jag badar ensam och du drar ner persiennerna och vi spelar kort i parken på det där hotfullt ensamma sättet, inåtvända och farliga. Det tar slut vid den första vårens hastiga tramptag och första gången jag begår ett skämt jag inte kan stå för, den första gången rörelserna i spegeln inte känns igen. Det tar slut första gången sanningen förväxlas med att berätta urskillningslöst och vid det första sargade uppvaknandet. Det tar slut med andfåddhet, sömnlöshet och ett ommöblerat hus på landet. Det tar slut första gången du (jag) glömmer bort din (min) strävan. Det tar slut från början: idag, för tre år sedan. När jag vaknar hos dig. Slutet ligger (alltid) inbäddat i förutsättningarna, en omständighet inte ens vi kan skriva oss fria ifrån. Jag vet redan och ändå stannar jag, fyller på kaffekoppen en gång till, skrattar när jag borde gråta – och det är helt i sin ordning, eftersom jag är besatt av tanken på att äntligen ta reda på någonting om mig själv, ett svar som inte kan göras tillgängligt utan att gå hela vägen. Det är varken rätt eller fel utan en konsekvens av livet. Sedan tar det tre år att komma tillbaka hit: till ett kök (vilket som helst) där jag kan praktisera stillhet.

Så sluts cirkeln

våren tar ett avsked (redan)
du kommer till mitt hem
för att vara tyst

vi som
delade
orden

på natten tar vi farväl.

Tänk på mig
när himlen sjunker
höstlövslikt
över
gården

och tystnaden
bara är ett annat sätt att säga

tack
för
allt

vi inte hann
göra

för att
skada varandra

ytterligare.

Det finns ingenting att skämmas för
endast glädje
över ett liv
som gjorts möjligt
trots allt

ingen sorg
och ingen bitterhet
ingen ånger
framförallt ingen ånger

jag har alltid drömt om att bli
en frånskild kvinna
eftersom de verkade vara
starkast av alla
folk tror att jag skämtar
eller efterhandskonstruerar
men jag menar det
har alltid gjort

jag tänker inte acceptera

en pådyvlad skam

när det saknas skäl

för att skämmas

planerar att gifta mig

ungefär fyra gånger till

eller kanske fem

men aldrig bo ihop

på heltid

och aldrig

förhandla om min

absoluta frihet

att förändras hur som helst

när som helst

Det finns ingenting att skämmas för

bara glädje över det som varit

sådant som blivit

och allt det som kommer

livet som en pågående galenskap

där stagnationen inte får rum

jag är så trött på att höra

var inte ledsen

snart träffar du någon ny

någon bättre

som om det var poängen

med någonting alls

som om människan vore halv

för att hon gör

som hon vill

utan att fråga om lov

jag pratar inte om sex

jag pratar om frukostrutiner

jag pratar om tystnaden

jag pratar om biljetter och elräkningar

och sköljmedel och blomvaser

och bokhyllor

sådant jag inte vill dela

med någon man

förrän jag ändrar mig

nästa gång

Det finns ingenting att skämmas för

bara skäl att

omfamna tillvaron

sådan den är

i tacksamhet

över ett liv

som gjorts möjligt

trots allt

JAG SAKNAR ALLT OCH INGENTING. Att sakna är också att veta. Att leva är också att vänta. Att förbli är också att fortsätta. Att sluta är också att börja. Att minnas är också att erkänna. Att förlåta är också att blåsa såpbubblor mot den ostyriga vårhimlen just innan den bryter ut i urgamla låtsaslekar. Jag glömmer, och jag katalogiserar. JAG SAKNAR ALLA ÄLSKARE. JAG SAKNAR ALLA STÄDER.

Ändå vill jag inte ha någonting mer än det som ryms precis här.

Jag tänker på:

Barcelona
tänker på kvarteren som rann mellan fingrarna där
med patatas bravas (alltid)
tänker på söndagarna i parken
och katedralen
och cykelkedjorna
och den inslagna tv-apparaten
jag tänker inte på dig
jag tänker på staden

på hur ung jag var
hur gammal åren gjort mig

tänker på
Barcelona
och livet där
som en sorts död

kaféet i vårt kvarter

de restauranganställdas rop efter mig

din tystnad och vår strömförande kokplatta

tänker på de första skälvande nätterna

som sista andetag

jag tänker på

Barcelona

som ett vakuum

eller en slutstation

vi stod mitt på gatan och sade

vartsomhelst

det var en utmaning

sedan åt vi tårta med små gafflar på konditoriet

medan vi högläste Söderbergs historietter

clementiner från den lokala affären

fisk på torsdagar

små ballonger och ren sprit

vi badade i havet när vi inte stod ut

det bekväma med att ha älskat

på ett vansinnigt sätt

är att man inte orkar göra om det

så jag skär äpplet i små tärningar

tänker på

Barcelona

våra kavalkadiska fontänskratt och gryningtrumpeterna

dina tårar och polisens oförmåga

att omfamna en berättelse

jag tänker på oss

som ingenting

medan hennes ögon ser precis ut som dina

när du var gränslöst ung

för tre år sedan

jag tänker på livet som en livstid

och söndagen som en dröm

om akrobater bland träden

när jag tänker på

Barcelona

är det bara ett namn på en plats

där jag återvunnit

och förlorat mig

gradvis

när jag tänker på

Barcelona

ser jag våra hoppfulla händer

och utnötta ögon framför mig

när jag tänker på Barcelona

tänker jag

på dig

som vatten

som flyter

förbi

men det gör ingenting.

SAMHÄLLSDJURET

augusti 2014

I slutet av den sommaren
hade polishästarna redan börjat
springa över människor
i slutet av den valvakan
höll vi oss ännu lugna
trots att
bruna droppar
föll som kaffe i koppar
föll som regn
över staden
och inga paraplyer höll dem borta
från att falla även på oss

I slutet av den sommaren
stod valurnorna vidöppna
och vi rörde ängsligt om i grytan
i väntan på ett resultat
men aldrig ängsligt nog
vi var flyktberedda men inte kampdugliga
tävlingsinriktade men inte desperata
vi la våra ord på guldvåg
men vi la inte all vår tid

I slutet av den sommaren
hade polishästarna redan börjat
springa över människor
men det var innan
bilarna kom
och hatet växte
föll som tårar över staden
och inga jackor stängde ute
den vinden som svepte in
från höger

det var innan
fanorna spändes över torgen
som en skärm för att stänga ute
allting oönskat, farligt
som om faran inte fanns här inuti
oss alla

i vår inkapslat politiserade lek
i vårt vackra ordstaplande
i våra strålande visionslösa insikter om frihet och jämlikhet
i vårt efterapande

passiv som döden men jag läser alltid kultursidorna
liknöjd som bödeln men övertygad om min egen rättfärdighet

riskerar gärna att trampas av hästar
men blir aldrig en som tampas dagligen
med dessa stövlar som trängts ner i sneakers
dessa rövare av människovärde
som anser att amnesti är landsförräderi
12,9% av människorna i det här landet lider av
islamofobi, homofobi, bevara-sverige-svenskt-mani
och det är inte ens sjukdomsbeteckningar
det fanns vård att få
men vi trodde på demokrati

I slutet av den sommaren
hade polishästarna redan börjat
springa över människor
medan vi uppskattade en god demonstration
som uppvisning eller motionsform
för att sedan återvända till nöjdheten endast en nedsutten soffa kan ge
vi som la våra ord på guldvåg
men inte gav våra liv
inte ens gav vår tid
i vår egenälskande rit
i vår institutionaliserade poesi
i vår naiva föreställning om att kampen inte handlade om död eller liv
bara ett filosofiskt bråk om en eller en annan ideologi

Nu är slutet av den sommar
då hästar trampar i stövlar
fastän hästar ska ha skor
detta är slutet av den sommar
då vallokalerna svalt
det vi ännu valde att kalla röster
men som öppnade dörren
för dem som vill förgöra tanken demokrati

detta är tiden då vi vaknar
om inte hatet ska välla in
detta är tiden
då vi slutar tala för varandra
kärlekens redan övertygade satar
då vi börjar tala med de andra
sätter oss ner och verkligen pratar

inte mästrande, inte insmickrande,
utan ärligt, säger:
min vän, jag förstår att du är rädd
men låt inte rädslan ta mer av din röst
låt inte rädslan vinna i höst

september 2015

I en enda ensam natt detta hav som ryter
vågorna bryter
igenom
bortom
horisonten väntar andra dagar
nätter, bara fötter
kalla fötter
väntar på en annan sorts gryning

jag viskar: att du borde skrika nu
skrik av lungornas fulla kraft
åt alla de som haft
större tur
turen att slippa ta turen
med båt
turen att inte behöva tänka på
den ofrivilliga returen
turen att ha turen
att resa som turist
aldrig med en sådan enda ensam båt
i en sådan enda ensam natt
över ett sådant rytande hav

jag viskar: att vi borde skrika nu
skrika av lungornas fulla kraft
åt oss som haft
och har
allt
det som är värt att riskera
allting annat för
och ta turen över ett enda rytande hav
för en enda ensam chans
att få

jag viskar: att jag borde skrika nu
skrika av lungornas fulla kraft
åt mig som haft
och har

hav
under naglarna
som tidsfördriv
om somrarna
medelhav
medelklass
medelväg
maktmedel och likvida medel
medeltida uppdelning människor emellan

vem är värd
ett enda ensamt hav
att somna in
och vaggas lugn
av en rytande våg
jag låg
i min säng
en sådan enda ensam natt
medan en sådan enda ensam båt
korsade ett sådant enda rytande hav
med ett sådant enda sista lysande hopp
dödsdömt lopp
var tusende kropp
i ett sjukdomsförlopp
den som begått ett verkligt brott
straffas aldrig
lika hårdhänt
som de verkligt oskyldiga

jag viskar: att vi borde vada över detta sund
utan papper i händerna
stå på stränderna
kräva att utsättas för ID-kontroll
trots blå ögon, ljusa kinder
ingen annan roll

jag viskar: att vi måste skrika nu
av lungornas fulla kraft
att vi måste gå på grund
kräva åter detta sund
som skulle vara en passage men nu kallas
omöjlighet
beredvillighet
att följa maktens medel
tillbaka till den rot
som kallas
rädsla

jag viskar: att vi måste leva nu
som den sista stunden på jorden
med orden
att du kunde vara
jag
att jag kunde vara
du
att vi
är vi

jag viskar: att i en enda ensam natt
korsar en båt ett hav
medan jag

drömmer om vågor som tidsfördriv
stränder som rekreationsmöjligheter
resan som frivillig flykt
från den vardag som tråkar ut mig
men

i en enda ensam natt korsar en båt ett hav
och det finns ingenting romantiskt med det
bara ett enda ensamt sätt
att försöka förbli
vid liv
en dag till
den dag som nalkas i gryningen
över kroppsbeströdda stränder
där inga turister
orkar vistas mer
där jag inte orkar
söka min tillflykt mer

jag viskar: att vi borde gråta nu, tillsammans

Gdansk juli 2016

Barn får inte dö

Ingenstans, aldrig
Särskilt inte nu, inte förut, inte sedan

Barn dör inte
Dör barn

Det stod att föräldrar kastade sina barn över staket
för att rädda dem
En del lyckades
Jag hade gjort samma sak
Allting

Barn får inte dö
Inte här 1980
Inte i Nice
Aldrig, ingenstans

Barn får inte dö
Barn har dödats
Idag vaknar föräldrar till döda barn
Barn dör

juli 2016

Mitt Europa, i hundra år
Hon ligger och blöder framför mig
Jag genomkorsar kontinenten
Genomfars av gamla drömmar,
äldre versioner

Här ska vi bygga en stad, ett land,
ge mig mera imperium
Jag var ung här
Jag var hundra år gammal
Mitt Europa, alltid, evigt
Mitt liv bakom stängda dörrar
Kupéer
Timslång väntan på en annan kväll
Stad, rum, resväska
Det går alltid att köpa en ny biljett
Jag köpte alltid en ny biljett
Jag var ung då
Det var igår
I hundra år reste vi bort,
det tog en dag
Att hitta hem kräver generationer

Mitt Europa, du gråter
Europa, drömmen om att vinna livet åter
Bygg en värld, en tid
åt det som rasat ner
Europa, vi orkar inte drömma mer

Europa utvecklad på sängen
I hennes hår tre torkade rosor
En för timmen som slagit
En för liven som tagits
och en för vår sista varma räls
Europa, jag vågar inte resa mer
Europa, mitt barn
Vad har vi gjort med dig, med oss
för dig, för oss
Jag skäms när jag låser dörren
men Europa, jag kan inte riskera mitt liv
för en tid som aldrig varit menad att bli

Det var inte sant
vad de sa
jag minns inte längre
det var inte sant
att det spelar roll
vem som gjort vad

Det finns handlingar
och tomma kroppar
och om kropparnas tillstånd skapats av ett stort hav
eller omförhandlats bakom dessa låsta dörrar

Om kropparna träffats av ett framforsande fordon
just vid firandets kulmen
inuti en folkmassa
på ett tåg
det är inte viktigt

Europa, det är de utrunna liven vi räknar,
inte orsakerna till kropparna

Överallt
men även här
vi måste få sörja idag, Europa

Mitt Europa, du gråter
Europa, drömmen om att vinna livet åter
bygg en värld, en tid
åt det som rasat ner
Europa, vi orkar inte drömma mer

december 2016

vi är alla människor
vi som går här
vi finns till
idag också
sedan
vet vi ingenting om
och om idag
vet vi nästan
ingenting heller
annat än att
vi finns

vi är alla människor
vi som faller samman här
vi som går på gatorna
vi som konverserar
konsumerar
kanaliserar
all vår ångest
i små flingor på burk
av rätt sort
en nyttig ångest
att lägga på gröten

vi är alla människor
vi som demoleras här
dechiffreras för att passa in
eller
deporteras härifrån
därefter
är vi människor
där

lika mycket människor
men med mindre rätt att leva
enligt
människorna
här

alla vi är människor
vi som kastar omkull våra liv
och kullkastas av våra val
och våldgästas av livsgnistan
och våldtas av tvivlet
och våldför oss
på varandras drömmar

för att vi alla är människor
och vi står inte ut

med att vara människor
om det är såhär
vi människor
är människor
mot varandra

vi är människor
en dag till
idag
är vi fortfarande människor
imorgon
vet vi ingenting om
annat än att
allting kan vara
slaget i spillror

imorgon kan världen
som vi kände den
ha gått förlorad
och vad ska du göra då
människa
och vad ska jag göra då
med den mänsklighet
som fallit av i urväxta lager

jag som
kallade det mänskligt att fela
jag som
var en människa
av kött men aldrig blod
jag som
vande mig vid att vantrivas med friheten
jag som
lekte att vilsenheten var en dröm
jag som
lärde mig att jaga kärleken på flykten
jag som
höll så hårt i biljetten att den skrynklades sönder
tappade vantarna på en busshållplats
och levde ett helt liv med spruckna fingertoppar
nedborrade i snön
jag som valde
mina egna förluster
med omsorg
men aldrig förmådde sörja

vad ska jag säga till dig imorgon
människa
och vad ska du säga till mig

om att vi är människorna
som faller sönder
medan världen ser på
ser på världen
som faller sönder
medan vi
låtsas
att vi ingenting
såg

vi är alla människor
vi som går här
vi som går under här
och vi vet
ingenting om idag
annat än att vi finns

men om imorgon
vet vi
ingenting

april 2017

Han står för nära
frågar
om det går bra att fråga
jag vill svara nej
säger ja
han vill att jag ska flytta
näsringen till örat
och örhänget
till näsan
han lutar ännu närmare
luktar
det är inte okej
det är okej
med mig
men jag vill ta bort honom från mitt barn
långt bort
när han säger att hon är smutsig
och borde åka i kemtvätten
vågar jag inte svara
ifall
bara vänta
så kanske det går över

Det är röster som
tränger igenom fönstret
jag öppnar på glänt
hamnar mitt i tragedin
ett skådespel
för tysta rutor
där vi alla står
hukar
med telefonen i handen
för om det blir värre ska vi ringa
vi kunde ropa
han höjer rösten
påstår att hon aldrig älskat
hånar henne för
den extra tabletten
om det blir värre ringer vi
jag står med skorna på i hallen
tvekar
springa ut på gatan
ifall det blir värre
vänder tillbaka
till fönstret och
bara väntar
på att det ska gå över

Radion loopar
samma information
tjugotvå döda
sammanklämda kroppar
på väg ut
i livet
ibland är det svårt att minnas
att världen inte är farlig
ibland
blir världen hotfull
av ett komprimerat våld
som eskalerar
suger in omgivningen
i sitt epicentrum
medan vi väntar
på att det ska bli bättre
hoppas
att det inte blir värre

tjugotvå
siffror i en tabell
tjugotvå
döda drömmar
tjugotvå
försiktiga grannar

tjugotvå
åskådare på spårvagnen
tjugotvå tystnader

Faran hänger och fladdrar på halv stång
på våra gator
på alla torg
på väg
att växa
men

Vi kan sluta vänta
börja
agera
innan det blir värre
vår makt består i detta:

att inte invänta försämring
för att våga skapa förbättring

juli 2017

Presskonferens
värmen dallrar
inte över landet
semesterfirarna gråter
över soltorkan
steker sig lättvindigt
invid fiskpinnar
och kotletter
i väntan på beach
till reapris
i september

"Hur är det möjligt att en sådan allvarlig sak
inte diskuterats överhuvudtaget?"

Stefan vrider sig i plågor
hade hellre
ätit fisk
eller vandrat
genom regnet mot havet
vad som helst
utom frågorna

Campinggästerna
köper pinnglass till barnen
doppar barnen
i poolen
kör runt barnen
över hela ön
tills barnen
mår lite illa

Den tyska åskan är på väg
men ingen har sett den
på kvällen blir det underhållning
öl i plastglas och trubadur
det är nästan som utomlands
Stefan hade hellre dansat i bastkjol och ätit grillad gris
vad som helst utom

"Varför berättade ni inte redan då?"

Vem som visste, när de visste, vad de visste
det var inte jag som visste
men när jag fick veta var jag inte medveten
om att jag redan kände till
det jag nu inte är säker på ifall jag minns

Semesterfirarna bläddrar oroligt bland bladen
oroar sig inte så mycket för säkerhetsläget
som nederbörden
smörjer barnen och kyler ölen
tar en dusch, drar en disk, tittar på teve
det är presskonferens

"Borde du inte gjort det redan i januari i samband med att generaldirektören
avsattes?" tagit semester och dansat under månen

Campingen dallrar
barnens magar guppar
högt ovan studsmattans klistriga hölje
havet svallar in mot land
bilarna rusar på tomgång

Stefan undrar när han får
gå hem för dagen
knäppa en pilsner
och bara vara
en vanlig campinggäst
med ansvar
för grillen
och inte
landet

september 2017

Du går
som om du inte hade
någonting att skämmas för
fastän du borde skämmas
takten ur stegen
stegen ur staden
och lämna allas våra gator
ifred

Du går
rak i ryggen
som om du hade
någonting att vara stolt över
fastän rädsla bara är
någonting att skryta med
om man vågar göra sig sårbar

Du går
i grupp
eller ska jag säga trupp
en sammanslutning för dem
som varit rädda så länge
att de glömt hur det är att leva

Dina skor
ekar av historiens stöveltramp
Dina händer
kramar fanor som borde
begravits för länge sedan
Dina ögon
ser in i mina
men vi förstår ändå inte varandra
alls

hård metall mot lätt metall
kanter mot rundade hörn

Jag är trött på daltandet
som kallas demonstrationsfrihet
så in i helvetes djävla utmattad
för du ska fan inte få demonstrera
om du inte respekterar
grundvalen för de rättigheter
som ger dig rätten att säga vad du vill:

att var och en får lov att vara

att var och en får lov att finnas till

Du går
för att krossa
frossa i andra människors döda drömmar
Du sår fruktan och obehag
du får lov att nå
ända in i själen
medan polisen
bara ser på

"Vi ingriper inte mot pågående brott eftersom
ett ingripande riskerar att störa ordningen"

För vilken gång i ordningen
hukar polisen
bockar och bugar
står med mössan i handen och trugar
snälla NAZISTER
Ta en kaka till

Men det finns inga hallongrottor kvar att gömma sig i
inga fluffiga drömmar och ingen maräng
det här är allvar för
nazisterna varken bugar eller bockar
det stockar sig i halsen
när jag ser dem dra förbi

Dina tunga steg
blir säckar på mitt hjärta
vilken sorts smärta är det
du låtsas inte känna till
vilken medkänsla är det du kallar naivitet
vilken mänsklig grundpremiss
har du förvandlat till
politiskt dekret

Det är inte politiskt att vilja leva
det är en djurisk jävla instinkt

Du går
taktfast över historiens äggskal
och jag
står inte ut med
att se dig kassera
demokratiska värden
står inte ut med
vitgröna fanor i vinden
varje steg en spik i kistan
listan kan göras lång
på den sång du tystat

nej!

Det. Är. Inte. Demokrati.
att låta anti-demokratiska krafter
kalasa på sista kakan
jag vill ha
en polis
som står upp för mänskliga rättigheter
jag vill ha
gator till för alla
som accepterar att gatorna också ska vara
till för
alla andra

men jag vill
att du ska känna dig välkommen
att ändra åsikt
när som helst
och då
ska jag inte hålla ditt stöveltramp emot dig

bara säga
att jag har en sandal här
att prova
om du vill

oktober 2017

dina ögon mot min
hals
jag sitter
fast

nu din djävel

ska alla orden ut
ur halsen

jag också, jag också
vi med

systrar förena er

SEKVENSDJURET

Det är i augusti naturen slutar. Sommaren överlever inte sig själv. För mig infaller nyåret i september eftersom jag studerade för länge och därefter aldrig slutade tänka i terminer. När jag sammanfattar blir allting logiskt – följderna av augusti liksom mina traditioner. Döden och pånyttfödelsen är bara olika sidor av samma sak, att sluta och att börja. Jag har alltid börjat om, slutat, återupptagit strävan i annan form. Jag är aldrig beständig, alltid flytande. Som livet.

Augusti motsvarar den lilla döden efter orgasmen*. Efter samlag blir alla djur dystra och tråkiga. Efter sommaren skiljer man sig. Kvinnorna häller ut svavel i trädgården, bränner bärpajen till oigenkännlighet vid oljefaten och spår sin framtid i kaffesump. Sommaren blir aldrig vad någon hoppats. Orgasmen framstår som överreklamerad eller blir helt inställd. Sommaren är aldrig odödlig, fastän vi vill tro det. Sommaren är aldrig utsträckt eller trogen, aldrig användbar. Men vi lever på hoppet om dessa dagar. En reproducerad idébild om grillad lycka. Sedan följer besvikelse. Sommarlögnen dör i augusti. Ingen är beredd på augusti, månaden smyger sig på. Överrumplar älskvärt. Initialt agerande kvällstid, först endast ett andetag i nacken. En lukt som inte går att planera, ett minne av en död alla dött förut. Sedan avståndstagandet i luften. Ett avsked utan stuns.

Det är en behaglig död fylld av fullmogna bär, några sista dagar att tillvarata genom att vandra över fälten för att fånga en fästing på vaden att rycka bort medan mörkret faller. Kvällarna talar om skuggfigurer i träden. En hummer har hängt sina klor kring vår trädgårdsgång och okända minnen

---

* La petite mort

flämtar i min nacke. Det är den lilla döden – den är inte farlig. Jag börjar förbereda mig i augusti för en vinter jag aldrig klarar, riggar scenarion för att bli omhändertagen, ropar:

"Möt mig på perronger!"

Mina planer går aldrig i lås och i november är jag mycket ensam och fryser mycket och lyssnar mycket på radio och trivs utmärkt. I augusti tror vi att livet är över och att det är dags att sluta upp med drömmar, avveckla fantasin. Alla mina värsta misstag har jag begått i augusti: återvänt till hemstäder, försökt bli jurist, envisats med att försöka förbättra mig själv genom att förändra mig till gränsen för oigenkännlighet, det vill säga förintelse. Avbrutit sommaren.

I augusti tar livet slut. I september börjar livet. Augusti luktar död och lera. Septembers höga luft viskar fram visioner, repetitiva vanföreställningar samt illdåd av det fantastiska slaget. September är timjan och dragon, kärnhus i fyllda väskor. Augusti är fyllt av desperation; att få doppa fötterna en sista gång, prova livet innan det rinner undan. Vi glömmer bort september, litar aldrig på livets förmåga att överleva sina egna förändringar.

I augusti faller året in i sin medelålder, missförståndet uppdagas. Ingenting varar längre för evigt – även du ska åldras min fruktträdgård. Även dina fullmogna faller långsamt mot marken. Även din stam skapar celluliter som utvecklas till ojämförliga sår, ett tidsdokument att spara till minnet av bersåbord och karaffer. Inget av det ska tillhöra dig mer, snart är du bara en obrukbar siluett mot hösthimlen.

Celluliter kallas även apelsinhud. Det är augusti och jag kan inte längre sluta tänka på natthimlen, längtar efter mörka balkongstunder och det oåterkalleliga.

1.

Först tänker jag att jag är en lat idiot som aldrig kommer att åstadkomma någonting här i livet. Sedan önskar jag mig en riktigt fet förkylning, ett skäl att bete sig såhär. Men jag är inte förkyld – mår faktiskt prima. Det är bara det att det är november.

De senaste åren har november alltid inneburit samma sak för mig: Jag stänger in mig, stannar under täcket, dricker kaffe i sängen, sträcklyssnar på radio, ser dåliga filmer, äter godis. Äter bandpasta, A-fil, gröt, rostmackor, ost, dillchips, valnötter – allt som går att fiska fram ur skåpen. Beter mig i allt väsentligt som ett djur som förbereder sig för att gå i ide. Går i ide.

Svarar inte i telefon, om jag svarar ljuger jag. Fabulerar fritt fram feber ur luften, skyller på fiktivt magont. Orkar inte möta någons blick. Kan sova hur mycket som helst. Tolv timmar, femton. Ingen tid är tillräckligt lång. När han försöker väcka mig mumlar jag bara någonting ohörbart, vänder ryggen till och somnar om.

2.

Sedan tänker jag att detta inte är jag, sådan här är inte personen jag vill vara. Den här sömniga varelsen har ingenting gemensamt med mig. Evelina måste vara hon som vill *allting alltid* och kastar sig handlöst in i varje nytt narrativ. Aldrig sover, glömmer vidröra marken. Jag älskar mig själv när jag svajar på gränsen till mani.

Nu finns ingen kraft, energi, lust eller ork. Att ens gå till affären framstår som ett oöverstigligt projekt. Ta en promenad – aldrig! Jag lämnar inte täcket, har ingenting att säga, kreativiteten känns hundra mil bort. Minst. Läser saker jag skrivit och tänker att det inte var jag som skrev. Kan inte ha varit, jag kan inte, förmår ingenting. Minst av allt skriva. Någon annan måste ha använt min dator. Jag kommer aldrig att kunna skriva igen.

Inser i samma stund att jag är fånig, att det varit såhär förut; det går över. Men det känns inte så. Det känns som att förmågan är död.

3.

Ännu senare tänker jag att utmattningen kanske är en förutsättning. Jag trodde att flytten till Spanien skulle rädda mig från mitt novemberliv, men så fungerar det uppenbarligen inte för jag är lika trött som när jag bodde i Sverige. Kanske måste den här årliga perioden av total återhämtning få finnas. Kravlöshet. Passivitet.

Jag springer och springer, utan att någonsin hinna ikapp mig själv. Några veckors själslig död, ligga blickstilla? Inandning som möjliggör fortsättning. Kanske måste jag bete mig exakt såhär just nu för att förmå kreativitet och upptäckarlust att vara närvarande personlighetsdrag resten av året.

Att underutnyttja tiden, sätta kroppen på paus för att komma till liv igen. Utan att hata oss själva för det, acceptera vilan. Andas in. Inte ha någonting alls att ge, bara samla energi. Nötter i högar. Det svåraste är att begrava myten om sig själv. Mitt liv utgörs för tillfället av denna säng, och det är okej.

2015 startade mitt i en suck, med de trötta andetagens väderbitna anletsdrag ritade över hela vår tillvaro. Vi hade just blivit lurade på en större summa pengar vilket inte borde betyda något mer än en ekonomisk förlust, men gjorde det; jag kände mig sviken, det rann ur min näsa och jag låg blickstilla på en lånad madrass i Barcelona, såg solen gå upp och ner i en skugga på väggen medan högarna av snytpapper växte runt mig.

Sedan satt vi plötsligt på ett flyg, en buss, en spårvagn, fick tårta i ansiktet, gick vinglande fram på Andra Långgatan – som om ingenting hänt, fastän allting hänt.

Vi flydde till lugnet i skogen, rakt in i Småland, till ett tyst och övergivet hus där regn och snö föll stadigt utanför rutan och vi måste bära in mer ved flera gånger om dagen. Vi steg upp klockan sex på morgonen för att läsa Kristian Lundberg, åt havregrynsgröt och drack svart kaffe, hjälpte min pappa att röja i skogen. Använde motorsåg. For till staden och dumpstrade en svensk flagga att ringakta vid första bästa tillfälle.

I slutet av januari hamnade vi åter i Göteborg, och som alltid i januari var det filmfestival och iskallt. Vi spred ut för många kläder och böcker hemma hos en vän. Trots att vi lovat sova runt på olika soffor stannade vi i hennes lägenhet i mer än tio dagar och bråkade i köket tills hon gick hemifrån för att slippa höra. Jag plockade skräp på Draken och gjorde kläder av gamla biljetter medan vintersolen kramade sönder himlen ovanför Älvsborgsbron.

Därefter Stockholm: skrivarkurs, trettioårsfest, packa resebibliotek och gå på teater. Vin och pannkakor i Högdalen hos en fin och pratsam poet.

Stockholm ville visa sina mest storartade vinterkonster men jag var trött, fastän jag inte längre kan minnas varför. Jag ville vidare och längtade efter att låta någonting större ta fart. Det var tjugofem grader kallt men vi åkte aldrig snowracer.

I februari lyfte planet och vi var äntligen på väg. Jag läste Clarice Lispector hela resan, antecknade frenetiskt och drev mina sätesgrannar till vansinne. Detta var helt och hållet en utstuderad hämndaktion eftersom de vägrat byta plats med A, som istället befann sig på andra sidan planet, en evighet bort. Jag vet inte när vi bestämde att vi skulle gifta oss. Kanske var det i Stockholm, när han tillverkade förlovningsringar av små gafflar ute på balkongen medan jag hejade på från insidan. Eller så skedde det långt senare, när jag knäföll på ett klistrigt bargolv i Valparaísos hamnkvarter. Eller kanske var det inte förrän vi for med taxi genom ett skyfall i La Paz och sa:
"Vi bara gör det."
Men jag vet att idén fanns med redan på planet över Atlanten.
Plötsligt Buenos Aires, hettan, en takterrass med schackrutigt golv. Värmen pressade våra fotsulor mot gatstenarna. Vi tog skydd under träden men de gav ingen svalka. En trettiotimmars bussresa senare hade vi korsat kontinenten och genomfarit Anderna. På väg mellan bergen visade honom den första dikt jag någonsin skrivit om oss. Vi såg en kondor och chauffören påstod att det var ett bra tecken, men jag sätter ingen tilltro till flygfän.
Huset i södra Chile visade sig vara fyllt av släktingar; sexton talade spanska och den sjuttonde personen var jag. Vi joggade längs stranden, badade i sjön, såg vulkanen på avstånd. I Temuco köpte jag ett fjäderörhänge.

Sedan Valparaíso – var börjar jag? Var slutar det. Vi fann en lägenhet högst upp i huset, innanför grindarna med blommande buskar, bortom avokado-trädet. Bodde sedan en liten livstid ovanför den färgglada trappan som turisterna ville fotografera. Vår lägenhet hade slitna golvplankor och en liten takterrass som omfamnade hela Stilla havet, lastbåtarna paraderade in och ut ur hamnen, jag såg sjölejon på mina löprundor. Valparaíso var vin och yoga, överdådiga luncher och en magdanskurs.

Vi drack te på naturhistoriska museet, tog bussen utanför staden för att se vågorna gå höga, dansade på stranden och filmade sanden. Havet åt upp mina solglasögon, vi kom tillbaka i skymningen, upp till vår kulle. En egen värld.

Någon gång for vi till La Paz, åkte linbana mellan olika stadsdelar, drack juice med sugrör ur plastpåse, blev bjudna på popcorn och guidade genom ett katolskt skolbibliotek. Gömde passen så bra att vi nästan inte hittade dem.

Sedan blev det återigen dags att bryta upp. Böckerna var utlästa. Vi väntade på en höst som aldrig kom. Solen väckte oss fortfarande obönhörligt varje morgon men trots att såväl staden som lägenheten utgjorde svaret på alla våra bostadsdrömmar bestämde vi oss för att åka, utan att riktigt veta varför.

På väg genom Argentina förändrades livet för alltid, på ett konstmuseum i Cordoba där jag stirrade på en provsticka med två streck. Det var så vi fick veta att vi väntade dig.

En märklig vecka i Buenos Aires; vi stirrade i tak och väggar, tog ensliga promenader och hörde äntligen det efterlängtade regnet falla. Betraktade tangon på Plaza Dorrego och deltog i en målerikurs, utan att nå fram till varandra. Jag köpte nya graviditetstest varje dag. Kyparen skrattade ut oss när vi försökte beställa vegetarisk mat.

Plötsligt befann vi oss i blåsten på Nordjylland, bodde i ett garage med tusen myror och arbetade på fiskfabrik. Omställningen var total – en genomgripande förändring av livet alltför stor att ta in. Vi åt matsäck på stranden vår enda lediga eftermiddag, lånade bil för att åka på ultraljud och körde fast i sanden. Åt oändliga mängder makrill. Jag hatade Skagen, men kanske var jag mest av allt rädd för att inte räcka till. Rädd att inte kunna bli din mamma.

En festival i skogen och hundra bilturer genom Dalsland senare landade vi återigen i Småland, men ett annat Småland än det vi lämnade. I januari var Småland vår fristad, ett tyst rike utan andra människor. En vecka inför bröllop var Småland invaderat av förväntningar och servettinköp, men gifta blev vi till slut, och jag tror det var en vacker dag. Jag tror att solen lyste över sjön, jag tror att vi anlände i båt, jag tror att jag älskade honom då, jag tror att vi kysste varandra med öppna ögon.

Förvirrad sommar, jag minns ingenting mer. Vi åkte på bröllopsresa till Värmland, gick på loppisar och museum, sov invid sjöar och tvättade oss endast sporadiskt. Jag blev matförgiftad och kräktes mycket på en parkering i Arvika. Skrivmaskinen följde med överallt. När vi kom tillbaka till Göteborg började vi dela ut dikter på lördagarna, skrivna i stunden, mitt i Haga.

Sedan en paus i september. Jag var alldeles ensam i ett lånat hus i skogen, utan att vara ensam eftersom du växte inuti mig. När maten tog slut cyklade jag till närmsta affär och svimmade vid kassorna. Led av järnbrist. Det var vackert och stilla, men jag var mycket mörkrädd och sov med radion påslagen i sängen för att slippa höra tystnaden.

Hösten: ett töcken av spårvagnar, höstlöv på rälsen, poetiska samtal, barnmorskor och trötthetsgråt. Jag satt ofta på soffan med en bok. Det var som om historien hakat upp sig, vi kom inte längre någonstans. Stiltje över hamninloppet, endast färjorna fick komma och gå. Vi satt stilla, och vi är hemskt dåliga på det. Vi lärde oss vad det innebär att vänta – vi som varit vana att allting ska komma genast och plötsligt, förändringar i ett slag.

Det är december, det är fortfarande december idag. Det är vinter på riktigt, du ska snart födas. Snart är väntan över, snart börjar en annan tid. Vi har väntat och längtat, undrat vad som hänt med våra liv. Vi vill veta vem du är, lilla inkräktare. Vi visste från början att vi ville göra allt för dig, vi flyttade till och med tillbaka till Göteborg, men oroa dig inte – tids nog ska vi ta med dig härifrån. Vi är bara här för att invänta den tredje resenären, och när väntan är över är vi tre personer med små gröna resväskor som ser mot horisonten och ropar: "Tjosan!"

Nej, staden är densamma. Det är bara jag. Vi. Den här genomträngande fukten i luften som håller höstens vittnesmål likt en sköld framför hjärtat. Bortom pianotrådarna är vi alltid samma. Cyklar beter sig nästan likadant överallt och jag känner igen ljuset ifrån röda skyltar över folktomma ytor, den där särskilda imman utanpå ett fönsterglas vars gemenskap endast tillhör de invigda. Jag har hållit den här hösten i min hand ett tag och jag ska fortsätta hålla kvar, även när de misstror allting jag säger och de vanligast förekommande människorna i mitt hjärta blivit svårast att handskas med. Vet du: ingen förhåller sig till höstar så som jag. Det är nästan alldeles sant. Inte vårar heller. Jag känner mina årstider - utom, inom - och det här är verkligen en höst. Den skrämmer mig inte. Det är du som blir rädd, medan jag fångar siluetter på uråldriga torg. Jag vet hur löven beter sig, en kunskap jag burit runt på ett tag. I den här vilan stannar jag, fastän de försöker ta ifrån mig allt jag har kvar. Den här staden - nej. Med den händer ingenting. Det är hos människorna tiden processas och blir till iskristaller utanpå en natthimmel vilken kommer till användning först när orden mist sin glans, en sista gång.

Att man upprepar sig och låtsas ett liv man tidigare levt utifrån vissa på förhand bestämda vanor, eller sådana som man i efterhand minns dem och uppfattar dem, emedan de inte alls gestaltade sig så på den tiden då de, det vill säga de snarlika vanorna som när allt kommer omkring i själva verket inte alls påminde särskilt mycket om de därefter följande och direkt lögnaktigt imiterande vanorna, från början infann sig - och särskilt tydligt framträder denna livets beskaffenhet möjligen på resa då denna bryter det invanda livets mönster, som dock inte alltid existerar eftersom det är tänkbart att denna resande människa i själva verket reser ifrån ett kaos, det vill säga ett av sig själv skapat och sedermera upprepat tillstånd vilket är direkt skadligt för henne, att hon alltså reser bort ifrån denna tillvaro som inte utgörs av upprepade rutiner utan tvärtom av vansinnets kaosartade oordning, att hon därigenom reser till och in i, eller i vart fall förväntar sig att göra det, alltså till och in i resans förväntade upprepande av tidigare företagna resor, under vilkens gång hennes beteende blir liktydigt med resenärens beskaffenhet - och att man därigenom, i denna upprepningens tradition, och jag talar här om en repetition och så att säga omtagning av det egna livet, och nu skulle jag ändå vilja påstå att detta mönster och beteende, alltså mönstrets beteende, blir särskilt tydligt på resa då denna i allt väsentligt företas utom tiden, det vill säga att den existerar i sin egen tideräkning och ligger orörd av åren emellan och dessas framfart med människan, således hennes framfart med sig själv under de (senast) förflutna åren tills hon återigen befinner sig på en resa och där tror sig känna igen sig själv, alltså förväntar sig det i så hög grad att hon börjar tro på sina föreställningar och till slut verkligen upplever sig känna igen sig själv som en människa med ett särskilt beteendemönster, och att hon då på denna resa också upplever sig vara i det närmaste tvingad och i allt väsentligt tvungen att underkasta sig detta mönster och till förbannelse upprepa dess framfart med henne, som ju egentligen alltid är och har varit hennes framfart med sig själv, och att hon under detta upprepande tror sig återuppleva ett tillstånd som varit konstituerande för henne under den tid av livet hon föreställer sig utgjorde hennes livs verkliga narrativ, i den mån det alls existerar någon sammanhållen berättelse om en människa (vilket det inte gör), men hon längtar således tillbaka till tiden innan denna insikt om livets beskaffenhet och den därtill hörande förtvivlan och därmed sammanhängande ensamheten (med fullkomlig klarhet) sjönk in i henne, och vars mer ursprungliga tillstånd hon alltså under denna resa så förtvivlat söker återskapa, att hon således under denna resa återskapar andra resors narrativ, vilket i själva verket endast motsvaras av hennes i allt väsentligt felaktiga minnesbilder av dessa narrativ och rakt igenom felaktiga minnesbilder, som omedelbart leder henne på fel spår, alltså rakt tillbaka in i vardagens avsaknad av omtagningar vilket är liktydigt med vardagens kaos, den förhärskande katastroftillvaro vilken hon i själva verket försökte resa (bort) ifrån, och att hon dessutom i dessa omtagningar på det mest fullkomliga sätt också glömmer det mest avgörande, nämligen att dessa tidigare resors (felaktigt återkallade) narrativ i sig utgjordes av (felaktigt återkallade) rutiner ifrån ytterligare andra resor, som denna människa eller i själva verket en helt annan människa vilken hon på det ena eller andra sättet stått i förbindelse och låtit sig inspireras av, eller i vart fall trott sig stå i förbindelse med och genom denna inbillade sammankoppling låtit sig inspireras av, och att resans egentliga innehåll således utgörs av ett repeterat falsarium kring det sammanhållna narrativ som går att härleda till en (i efterhand betraktad som) mer verklighetsförankrad period av livet, men som vid dess själva genomlevande av samma människa redan då upplevdes vara en tid bortom den egentliga tiden (för hennes liv) då de (för hennes liv) stora och relevanta berättelserna i själva verket redan sedan länge ägt rum och stuvats undan i minnets katakomber, som av naturliga skäl är den enda plats där ett narrativ överhuvudtaget kan skapas, vilket var och en, möjligen med undantag för just denna människa, med största sannolikhet redan vet om och i annat fall mycket snart med största säkerhet kommer att inse, att man på detta sätt och alltså alldeles särskilt på resa alternativt i vardagens katastroftillstånd upprepar sig därför att man tror sig vara tvungen därtill, kan inte betraktas som något annat än ett olyckligt missförstånd med stundtals katastrofala konsekvenser.

Sparvar i mina skarvar vad jag saknat att vara cyklist; inte såndär någgång-ibland-cyklist eller vattentäta-byxor-och-reflexband-cyklist, utan jag-SKA-fram-cyklist, i alla väder utan lämpliga kläder i alla terränger satans maränger släpp fram mig sa jag! Jag cyklar här. Marodör-cyklist, flanör-cyklist, jag-kör-som-jag-gör-cyklist, plinga-och-stör-cyklist med håret fladdrande i vinden, tusen minnen, tusen lårkramper, tusen krossade ögonbryn mot asfalten, hjälmen på huvudet bara när det krävs för att hålla fast hatten, bära cykeln genom snårskog sly och buskage för att det såg ut som en genväg, ta cykeln med in på offentliga toaletten, sova med cykeln och leva med cykeln och andas med cykeln stående i en uppförsbacke med snoret rinnande och svetten sprutande, kinderna putande luft ge mig luft ge mig mer av allt farten som rinner i hinnor uppför benen nedför backen fötterna på styret swishswosh jag SKA fram. Revoltör-cyklist, estradör-cyklist, akrobatör-cyklist, jonglör-cyklist tar av sig jackan sätter på läppstift och äter mandelfrikadeller utan att stanna.

Paj, moped, litteratur, sömn, promenad, samtal, ögon, hår, ord, soffa, gunghäst, grusväg, landsväg, badkar, te, chokladglass, kaffe, rädsla: stor, en omöjlig himmel, mättnad, klarblått ljus och jag som med en femtonårings händer driver upp gasen och ilar fram med vatten på båda sidor över knådad asfalt, och djävlar: skuggan. Jag glömmer allting för bokens vändbara sidor men till sist återstår bara mötet med det egna jaget. För stora hjälmar, en ensam motor ropar i skogen, jag forsar under en evig himmel, är tjugoåtta, femton, trettiofem. Skulle rota mig i jorden men har inte lärt mig ännu; ett förfluget ord räcker för att låta motorn gå på tomgång och glassen smälta ensam. Vi glömmer och vi minns, glömmer vad vi minns, glömmer att vi minns men kommer ihåg mer än någon vill veta. Till slut sjunker solen precis som förut och jag ser på mina aromfria händer. Jag måste ta dem nu, och forma ett liv.

Jag tänker på skam: det har jag gjort i flera år. Skämts och tänkt, som de flesta men mer än de flesta. Tänker på när någon jag trodde var en nära vän kallade mig Dålig Feminist och ville få mig att skämmas för att jag raggade genom att använda min dödseffektiva jeansrumpa, vilket gjorde mig så förbluffad att jag inte ens kom mig för att protestera. Tänker på skammen i att alltid vara för mycket eller för lite, av allt. För lite poet för mycket akademiker för lite mamma för mycket dansare för lite tjej för mycket provokatör för lite författare för mycket spårvagnsförare för lite joggare för mycket perfektionist för lite yogi för mycket missbrukare för lite förnuft för mycket vemod för lite humor för mycket anpassning för lite ilska för mycket anti-sociala tendenser. Tänker på dagen som just gick när en mycket nära släkting rynkade på näsan åt mitt hem, kallade det spartanskt på gränsen till obeboeligt – fastän jag bor mycket trevligt. Det finns så många stunder då vi går runt och gör ansatser att kleta skam på varandra. Jag tänker på skam och sedan somnar jag ifrån alltsammans.

Sitter kvar vid resterna av vårt kvinnokollektiv och tänker att nu gör jag det nu tar jag tag en riktigt tjock nypa hud och nyper till i armen för såhär får det väl inte gå till: kan jag ha sådan tur. Vänner på nära håll, vänner på långt håll. Sådana som lämnar staden bara för att nästan genast återvända, med soygurt i små hotellförpackningar. Väntande nycklar i en annan stad, löften om skrivro. Paj i bersån, cigaretter i bersån, olåsta ytterdörrar, varma hårda hudar, starka långa armar, kvinnokollektivet återsamlas efteråt och ligger i sängen. Barnet rumsterar och kommer antagligen sänka Paddan. Idag härskar regnet mot rutan och det enda jag måste är att gå till psykologen (och kanske köpa en extern hårddisk). Det är fint när det är så. Vila lite för september var en enda lång kavalkad, som övergick direkt i strävsamma cykelvägar och mer än lovligt snoriga näsor. Jag säger det än en gång: jag ska ta de här händerna och lära dem att skriva. I eftermiddag kommer en vän på kaffe, vi gör så nu. Dricker kaffe. Har lärt oss. Steg på steg genom rum på rum och det kommer bara att fortsätta så för alla oss som är mer oklara vid trettio än tjugo och aldrig riktigt har börjat höra till. För oss fortsätter berättelserna och det är precis hur vi vill ha det. Jag sitter kvar hos resterna från vårt kvinnokollektiv; fuktiga skivor av sötsyrlig mango. Det här regnet har precis börjat falla men kommer fortsätta i en evighet. Vintern är alltid oändlig. Oändligt svår. Men vid ett bord går det leva, med vännerna (nära eller långt bort) som kommer och går. Jag älskar att vara mitt i ett skeende där ingen vet ut eller in men alla vet hur en riktigt bra frukost ska organiseras. Sitter kvar med resterna från vårt kvinnokollektiv och genom regnet på rutan blänker ett hopsytt leende. Efter frakturerna väntar vilan.

Tillvaron utgörs av repetitioner, här, men också överallt annars, alltid. Ingenting nytt händer, absolut ingenting. Inte på tio år. Spelar till och med samma låt eftersom jag aldrig lärt mig någon annan. Kanske var det nytt att få barn, men bara för mig – inte för mänskligheten. Och då finns det ingenting att säga eftersom allt redan är sagt. Ändå säger vi det. Igen. Och igen. Varje människa måste söka sina egna sammanbrott, börja om på de utmärkta punkterna. Jag äter sallad och dricker vatten och sedan flyttar jag och dricker vatten och äter sallad och sedan åker jag bort för att komma hem och allting är ändå samma sak. Äter, sover, förälskar mig, super eller springer, en enda lång repetition.

Tycker du att det låter sorgligt? Det tycker inte jag.

Tillbaka till ursprunget inuti skogen. Detta är antitesen. Detta är allting förra och förrförra fredagen inte var, men lugnet finner mig aldrig utan tvång. Tvärtom: jag blir rastlös i avsaknaden. Fastän kroppen behöver utplattade dunkuddar och blöta strumpor, en viss sorts fukt mellan lagren av löv, åkrarnas psalmer. Äppelträdet står där det alltid stått.

   På samma plats blir det plötsligt tydligt hur mycket som läkt. Minns knappt slutet på sommaren, utan att kunna säga säkert varför. Kanske var jag så inriktad på att ta mig igenom dagarna att de aldrig hann fram. Nu är jag iallafall tillbaka, för ett kort besök. Samma randiga soffa som i sommarens alla nätter och andetagen från rummet bredvid. Behöver sluta sörja en tilltufsad amorbåge och inse att allting är nästan som det borde vara: detta är inte augusti. Jag vill ha alla andras munnar men de vill ha min.

SENTENSDJURET

Den jag nyss var talade, den jag ska bli imorgon svarade.

Jag är så rädd att livet ska springa ifrån mig att jag springer ifrån livet.

Nutidens skönhet korresponderar alltid med storleken på framtidens förluster.

Förtryckets alternativ står att finna i familjens obändiga skratt, denna icke-korrigerade verksamhet vilken förskräcker åhörarna och befäster familjens status som vanartigt kollektiv.

Rätten att försvinna innebär en rätt att inte subjektifieras, att istället (för)bli identitetslös och osynlig, genom att uppgå i kollektivet på ett sådant sätt att ingen kan säga var den ena icke-individen slutar och den andra börjar, eftersom sammansmältning är motsatsen till definitionens avskiljande och ensamhet.

Även den som ligger ner på marken enligt ett gravt atypiskt manér, väntar ovedersägligen på bussen.

Jag är argare än produktiv och mer människa än maskin.

En penis förlåter allting. Det finns inget sätt att ta sig runt detta faktum. Jag kan inte skriva mig bort ifrån mitt bristfälliga hölje, endast befästa dess förklaringar. För mycket hud och ingen stil. Jag är inte en kvinna som går i fotsid dräkt med bara fotsulor mot de svala stenplattorna i ett annars hett och sommarstängt hus. Äger inga akvareller.

Ensamheten är större när man delar den med havet. Himlen faller isär. Jag är redo att låta mig omformuleras, prövas på nytt. Det här är en omtagning. Jag har gjort alltsammans förut men det är alltid första gången – mer nu än någonsin.

Vi älskar för den det älskade objektet gör oss till, vem vi blir i deras ögon. Att vi tycker om oss själva sådana. Om sedan den andra personen är någorlunda kompatibel med den idébilden tenderar vi att stanna kvar.

Sådan är kärleken. Simpel. Torftig. Ung.

Jag är så lycklig över att vara vid liv att det gör mig deprimerad, eftersom jag vet att jag förr eller senare måste dö.

I mitt naturliga tillstånd av solitär gemenskap banar de interna disassociationerna väg för en ny era.

Allt som finns av mänskliga relationer är komprimerade och därigenom oändliga *nu*, ett ögonkast tvärs över gatan eller ett delat liv och hem-helvete, tio år bakom stängda dörrar på samma adress, eller en lätt rörelse i ett böljande människohav, där allting *är*, men ingenting någonsin blir vad det (nyss) var.

Jag vet inte om det här är genombrottet eller undergången; ofta är det precis samma sak.

Det regnade mycket igår, men regnet var aldrig besvärande utan snarare en betryggande återkomst till en stad som trots allt kommit att utgöra en definitiv hemkomst. Kanske lever jag hela mitt liv här och det gör i så fall ingenting. Allting kan hända inom ett enda spårvagnsnät, även om det mesta är repetitioner av tidigare händelsekedjor. Det hade varit samma sak någon annanstans.

Livets förutsättningar är inte olika. En person vandrar runt som sig själv i alla städer.

Kanske måste tystnaden vara precis såhär tyst och lugnet aldrig ofärgat av det föregående kaoset.

RESEDJURET
(FLYKTDJURET)

Behöver ett ord för den speciella sorg som uppstår då man flyttpackar och hittar sina gamla anteckningsböcker från de senaste fem åren, samlar bokryggar i lådor utan att veta för hur länge – packar ihop ett liv och sin egen berättelse från en stad. Vad som var och blev och inte blev och eventuellt blev kvar eller inte blir något mera.

Behöver ett nytt ord nu igen, för när man flyttpackar och bara vill slänga varenda djävla sak man äger, vadar runt i ting och känner sig fastknuten vid marken och hallå ge mig eld och ett bål och förstörelse tills jag blir fri. Ett ord för det tillståndet som sagt. Tack.

En flyttpack i tre akter

ett. Du inser att avfärdsdagen oerhört snart är här, att din bank och ditt underliv har urartat, du tänker på döden och orkar inte tvätta kläderna men söker några lägenheter och bakar paj på maskätna äpplen.

två. Du skrapar samman dina ägodelar i högar, flyttar dem runt dig i rytmiska mönster och ringer din livskumpan för att säga *imorgon då djävlar*. Sedan promenerar du fyra kilometer genom skogen till närmaste brevlåda för att posta ett artigt vykort till din psykolog.

tre. Du packar ner de plagg som är så smutsiga att de kommer mögla om du lämnar kvar dem. Smutstvätten ser lite ensam ut, så du adderar lösa papperslappar och snören med rosettpotential. Sedan traskar du villrådigt tre timmar runt väskan, dricker kallt kaffe. Lägger till en solhatt och organdonationskortet.

Smålandsskogar som tidsfördriv, eller nödvändighet. Förlåt mig Småland, jag har inte vårdat dig väl i år. Inte tagit barrskogen på allvar, insett nödvändigheten i att stanna ett tag. Låtit rastlösheten bo i mossan. Jag åker tillbaka i augusti. Jag ska vårda dig bättre då, ströva mer. Strövsamt. Stillsamt. Eftertänksamt och ensamt. Så som en smålandsskog förtjänar att behandlas. Skogsamt.

Det är inte alltid enkelt att veta var man borde vara. Här? Varför då. Jag kan vara varsomhelst. Helst någonstans där alla gator klingar främmande. Och även om resan är långtifrån över klistrar dessa förväntningar mot huden. Som att jag reducerats till en projektionsyta när folk tror att det numera går att fastslå vem jag är, utifrån givna parametrar. Mitt i allt detta: tröttheten, arbetet, livet.

En eftermiddag snurrar jag bort mig, saknar plötsligt konturer. Blir en del av staden på ett sätt jag aldrig velat vara. Men så kommer himlarna över nattgatorna och jag lovar att inte glömma, inte svika, inte tillåta rörelsens upphörande. Jag är här nu, men ni kan ge er fan på att jag inte tänker stanna. Jag väntar bara in ännu en medresenär.

Bokar biljetter in order *to get out of here*, som alltid. Vad biljetter är: andningsredskap. Vi siktar på den polska solkusten i sommar. Och Berlin, som alltid. Hauptbahnhof i alla tider. Jag åker inte iväg för att se någonting, jag åker för att minnas vem jag är. På resande fot. Sådan jag trivs bäst, med en enda resväska i handen. Vi reser med barn den här gången, för första gången – och ändå inte. Hon var med oss redan i Chile, fastän i ännu mer rese-anpassat format på den tiden; korsade Anderna i smyg och gjorde sin existens känd först i Argentina, visade sig för oss för första gången på en liten skärm på ett danskt sjukhus. Det här barnet kom till under en resa, växte under en resa, föddes för att resa. Hon har en säng på hjul och hennes kläder är så små att hon får plats med cirka femhundra ombyten i en vanlig väska, så jag vägrar tro att hon kommer må dåligt av några månaders rotlöst kuskande. Rötterna löper mellan oss, ingår i det rotsystem vi slarvigt kallar familj. Egentlig betydelse: människor som hör ihop. Så länge hon är omgiven av kärlek är hon hemma. Vi behöver packa resväskorna lätt för att kunna fortsätta igenom grenverket och vidare.

En viss sorts värme. En viss sorts nätter. Min älskling, kom vi reser snart. Jag ska visa insjöar och städer, vänthallar, månljus, kaffesump. Tyngre eftermiddagsvärme, tätare grönska, fler terrasser, heta tak. Sand under fotsulorna, skynda innan sommaren går förlorad. Under tallarna går det att leva ett tag. Min älskling – för dig kunde jag ändå stanna kvar.

Ett hotellrum. I vilken stad som helst. En plats att klä av sig på, vara anonym. Vilken plats som helst. Ett rum. Där vistelsen varar en natt eller två, rum där ingen någonsin varit bofast. Ingens rum blir allas rum. En plats att vara vem som helst på.

Det är den sista dagen, den allra första. Av tusen. Ett liv jag kunde levat: balkongens svala plattor mot mina bara fotsulor, alltid trafiken utanför, som havet. Blanda en apfelspritzer och klä mig i kaftan. Jag kunde borrat ner hälarna i mattan i ytterligare tusen dagar. Vandrat genom rummen nästan naken med eftermiddagshettans öronbedövande tystnad som skydd mot det förestående beslutet.

Och redan nu: här. En annan balkong i en annan stad. Ett annat liv. Ett annat jag. Som alltid. Vi är våra kontexter, formas lerlikt av omgivningen, upptäcker en ny personlighet varje gång en ny nyckel sätts i ett nytt lås. Eller vilka vi: jag. Många kanske känner sig konstanta, förblir sig själva lika. Jag är tidvatten, återuppfinner livet varje dag. Ser vissa saker återkomma, andra inte. Här, nu: någon jag aldrig sett förut: jag.

Alla nätter som samlas här utanför ett öppet fönster, återvunna tygskosteg i gränden nedanför. Jag lyssnar till minnet av min egen utnötta ungdom, när jag alltid vandrade ensam om nätterna, alldeles utan riktning. Vägar genom Europa, höstar att återvända till. En sanning blir så lätt ett löfte. Men när sanningen vägrar stå still? Jag saknar mina A3-ark på dörren, ändlösa visioner, ett universum bland fyra väggar, rätvinkliga hörn. Det är därför vi reser − för att till slut vilja komma hem.

Våga ha en vision om exakt hur du vill leva. Utvärdera. Iscensätt. Var noggrann, ta uppgiften på största allvar. Misslyckas. Börja om igen, bygg upp, rasera, bygg bättre än förut. Nära den rörliga sanningen. Repetera tills du dör.

Vandrar gamla gator med samma tygskor, samlar använt damm. Förstörs och förgörs på trottoarerna, ett skyfall tar bort spåren hem. Jag är utblottad, utled, utklädd och uppeldad, nedsjunken i många olika positioner. Det var inte såhär det skulle vara. Jag ville någonting mer, större, friare. Nyare. Slippa undan alla gamla trottoarkanter – här eller där – så jag säger det nu, och sedan säger jag det till min förvåning igen: att det inte är i Berlin jag ska vara. Åratal av längtan och sedan abrupta torsdagstrottoarer. Nej. Det är inte Berlin, åtminstone inte nu. Jag längtar alltid bort, sådant går aldrig över. Men jag vill vara på andra torg med mitt barn, se hennes läppar forma sig kring spanska vokaler.

Ett förbirusande landskap på väg mellan städer och ingen har berättat för oss hur man andas nu när jorden blivit grå och vätan går igenom alla skor och gatorna antagit andra proportioner under en himmel vilken glömt mitt ansikte. Det finns exakta angivelser för hur många gånger du får lov att födas på nytt. Det finns regler för hur många kök som går att kolonisera. I ett decennium reste jag alltid bort, men varje dag hade det varit möjligt att återvända – om jag velat. Flyktigheten rotad i jorden. Den går inte att undfly. Marken under fötterna är alltid densamma, oavsett geografisk position. Ett landskap bland andra, en anonym byggnadssiluett för dem som inte hör till. Jag hör inte hit, inte dit, inte hem. Jag hör inte vad som aldrig blir sagt av sådana människor som utgav sig för att ha någonting att säga varandra men sedan stelnade under en himmel vilken glömt deras ansikten.

Jag kom tillbaka till den här staden för att överleva. Varje gång var det så, och jag frågade mig: hur lång tid måste det ta, att överleva? Tills det inte var så mera. Och jag spände nya årstider över himlarna här men blev ändå inte riktigt övertygad. Jag övade på livet utan precision. Sedan kom natten och gjorde drömmarna tunga och trögflytande, fick mig att glömma varför jag någonsin återvänt. Men jag vet nu: för överlevnads skull. Att få sitta just så tyst och stilla invid ett fönster och långsamt andas.

Vissa förmiddagar tänker jag på asiatiska regn jag redan saknar, utan att ha upplevt dem en första gång. Skymningar, mannen på vår gata som sålde stekt ris, plaststolarna och lysrörsbelysningen. Lyssnade på Allvarligt talat där Horace sade att nomader inte saknar hem eftersom de bär med sig hemmets riter och jag tänkte att så är det för mig; jag har otroligt lätt för att omedelbart känna mig hemma, men så svårt att stanna kvar. Jag vill packa mitt imaginära tält och reella kaffebryggare, installera dem på nya platser. Är den mest svekfulla sortens nybyggare, som plogar men aldrig stannar för att skörda, sätter frön men aldrig smakar frukten. Som alltid drar.

Och så går det inte längre. Jag måste stanna och beslutet är inte längre mitt att fatta fastän hjärnan vrålar om terminaler och återuppfinnandet av samma gamla ritualer på nya kontinenter. Vissa förmiddagar ryms all längtan och besvikelse vid ett enda köksbord, hämtat ur barndomens hus. Hemmets rike är min kaffekopp. Riterna stannar hos mig.

Vi lever ett liv i lånade lägenheter
i den mån vad vi hade förut
ens kunde kallas hem
för den som aldrig är hemma
är heller aldrig borta
och platsen att kalla hemma
är den hos en vän

Vi lever ett lånat liv invid en åder
av tiden som strömmar förbi
lär som vi lever och livnär oss på laster
vi är den sortens människor
som lever på lånade raster
i andra människors
vardagsliv

Vi lever för att vi måste
men dör för att vi kan
reser och finner en
välbekant hamn
av nyskrivna dramer med gamla namn
som bultar och dånar och tar oss i hand

vi reser som mor och dotter

På avfärdsdagarna
regnar det alltid
i Gamlestan

åker ifrån dig
åt ett håll eller annat
i väntan på
vet inte längre vad

tomma trottoarer för mina tygskor
att eka ödsligt ut i universum
ifrån

lånade nycklar till nya trappuppgångar
gamla nätter i blodet

ibland ville jag
bara stanna
en dag till
vila en liten evighet
hos din mun

men jag åker
alltid vidare

ifrån.

Praça Luis de Camoes

Mellan två stationer:
kiosken och musikanterna
fångad
frisläppt
och alldeles
marinerad

i en tillvaro inringad av uråldriga spårvagnars gnisslande arior
art deco-belysningens strålande vila
Mare Kandres vandrande tongångar

mitt bland turisternas prasslande sedlar
invånarnas prasslande konversationsestetik
gatstenarnas prasslande väntan

och min egen
längtan till
ingen annanstans

vänder
prasslande
blad
i vinden.

Om jag någon gång skulle prova att berätta allt om det senaste dygnet vet jag att ingen levande människa skulle tro mig, och det är varken ett koketterande uttalande eller en överdrift. Ingen orkar leva mitt liv förutom jag. Skulle kunna försöka berätta om kärleken till barnet, vännen i natten och de nyfunna syskonsjälarna, om djungeln på berget bortom staden, de svartögda flickorna med snurror, tågförseningar, en vildhjärtad busschaufför på rymmen och hans gamla gympalärare, och en sorgsen taxiförare som söker livselixir i sitt nya land, om hartassade vänners tafatta teaterdrömmar ovan ett klistrigt kvarterskrogsbord, om en kyss eller flera och ett avsked i en värld som växt ifrån oss, om att tigga cigaretter från alla sorters med-passagerare i multipla verkligheter och att utsätta sig själv för ett sexuellt genombrott just på den plats där det verkade som mest omöjligt att nå fram till någonting överhuvudtaget, om ett dödssjukt mobilbatteri och hundarnas enträgna skall i natten, hur mitt hår plötsligt blomstrade, om oändlig hetta, åkermark, mina fotsulor återigen ödesmättat trampande in i en envishet utan slut, om att ringa på hos främlingar utan gemensamt språk för att plötsligt åka mycket fort på motorcykel förbi tysta gårdar där endast elektriciteten skvallrar om mänsklig närvaro och att slutligen nå till detta rum där jag ska få lov att vila en natt. Men ingen hade trott mig. Är ändå hänförd över de mänskliga möjligheterna; vi vill nästan alltid varandra väl, bara frågan förmår ställas. Hundra möten och endast en som ville förgöra mig, alla andra värmde mitt hjärta i sina händer. Tiggda cigaretter som en utmärkt strategi för att nå igenom den första barriären och närma sig den enda plats vi alla vet att vi befinner oss på: här. En liten stund.

Saker jag tycker om att göra:

Driva runt, vara hemlig, äta veganmat ur plastlåda, vara barfota och lite smutsig, svettas, bära sköna kläder som tål att slänga sig på gräsmattor i, flytta, prata med nya människor men inte för att påbörja långvariga relationer utan för att tala en enda gång, vara ensam utan klocka och telefon i stora städer, sjunga och dansa på trottoarer nykter, sitta i skuggan i parker och på torg, lämna kvar dikter på matbord, röka en eller två cigaretter per dag och gå eller springa oskäligt långt, bli trivsamt berusad på kall öl, rött vin eller den bittraste Campari när jag har råd, köpa billiga men fina begagnade kläder, läsa, utföra yoga minst fyra timmar per vecka men gärna mer, cykla fort med hög musik i öronen, använda samma tygskor tills de faller i bitar, använda samma trosor ut- och invända, aldrig svara i telefon, skriva brev, hångla när jag orkar men inte för mycket eller ofta, besöka bibliotek, få dikter dedikerade till mig, ge bort böcker jag älskar, inte ha ett heltidsjobb, regissera mina dagar själv, dansa, gå och lägga mig sent och stiga upp tidigt, dricka kaffe ur minimala koppar, skriva, benämna, formulera mig. Kort sagt: att leva.

Roadtrippar som ingen annan, som alla andra. Kvällstidningarna säger den tyska åskan är på väg och jag har sovit dåligt i en vecka nu. Tog bara med en enda bok – en tjock. Barnets bara fötter mot sätet luktar sand och någon envisas med att spela musik jag inte står ut med; hatar elgitarr. Äter nötter torkad frukt vindruvor häller kaffe ner i halsen för att mota bort ringarna under ögonen men ingenting hjälper mot en karavan av husvagnar som köar på trefilig motorväg österut och till slut når vi väl kusten.

Luftkonditioneringen alltför effektiv för mina rökskavda luftrör, solens framfart obarmhärtig mot mina sömnlösa ögon. Om nätterna tänker jag oroligt på framtiden och maler textsjok genom hjärnan. På dagarna drömmer jag luftbubblor. Nu svänger vi av för att söka rastplatsens sista skugga på stickiga träbänkar. Golvet fullt av tygdjur. Hjärtat fullt av tvivel.

En (till) flyttpack i tre akter

ett. Du betraktar dina händer och inser att ena armen är bruten. Du har inga lådor, men använder plastkassar. Det blir många kassar. Du försöker skopa ner föremål med den enda hand som fungerar, men de faller vid sidan av. Det ligger hårnålar på golvet.

två. När du vänder dig om har alla nedpackade saker plötsligt packats upp igen, av någon med två fullt fungerande händer. Sakerna sprids nu i en accelererande hastighet över trädgård och buskage, åtföljda av glada stridsrop i falsett. Någon springer fortare än du och du hinner inte ikapp underbyxorna som fastnar i nyponbusken där de fladdrar betänkligt. Någon leker med stenar.

tre. Du samlar ihop mjukdjur, tygkatter, tahini, böngroddar, handdukar, stora örhängen, små tofsar, gummistövlar med djurmotiv, trehjuling, brev, utsmetat läppstift, nappflaskor, färgpennor, en gammal nalle, spadar, hinkar, soygurt, datorer, mod, rädsla, gips och brutna tänder, sätter den knasigaste ungen i världen på en ranglig piedestal och försöker organisera skrynkliga kvitton som vildsint ringlar genom tiden.

SKRIVDJURET

1. Ha alltid ett anteckningsblock bredvid sängen.

2. Skriv direkt när du vaknar men lita aldrig till din omdömesförmåga de tre första timmarna varje dag. Du vet inte vad texten vill dig. Så stryk ingenting förrän du druckit tillräckligt mycket kaffe.

3. Lita inte till din omdömesförmåga de tre sista timmarna heller (denna punkt är egentligen orelaterad till de övriga punkterna och skrivandet men rådet baseras på gedigna empiriska studier).

4. Skriv ändå ner vad du tänker de tre sista timmarna, i den mån du vet det.

5. Skriv hela tiden, utan urskiljning. Skilja ur kommer långt senare. Du behöver fånga orden på papper för hjärnan är ett opålitligt föremål.

Det spelar ingen roll, jag skriver det ändå, vem bryr sig vad som sparas. Vad som skrivs. Det finns till när det finns, sedan är det borta. Ingen läser vad någon skriver, ingen som förstår. Nu finns texten. Sedan natt.

Jag skulle börja om på min berättelse, men den förstördes igen. Blev till intet, död och lera. Hur många gånger börjar jag om, alla dessa elektroniska dokument som inte finns på riktigt. Blinkningar i rymden. Om vi åtminstone haft pappersmassor att skyffla runt i vårt hem – det hade sett förfärligt ut, men det gör det i vilket fall som helst. Då hade texten åtminstone funnits, gått att eftersöka i hörnen med ficklampa. Vi kunde spelat mystisk musik på hög volym. Nu förstörs allting innan vi hinner reagera.

Jag ljuger. Jag tappar bort allting ändå – allra mest det fysiskt påtagliga. Text är det enda jag kan hålla ordning på, kommatecken som tränade cirkuspudlar. Knappt ens text numera. Vi skrattar åt att jag omplacerar skiljetecken samvetsgrant i timmar när jag inte ens kan hålla kaffekoppar på bordet eller minnas var jag lagt nycklarna eller vilken blankett som ska skickas eller var cykeln är. Jag tappar bort hela fordonsslag på trettiofem kvadratmeter.

Spelar ingen roll, så länge jag har orden. Om jag tror att det går formulera sig – om så bara fem minuter i taget – så låt det vara, låt det bli. Jag skriver och ingenting blir bevarat, förutom sådant min exhibitionistiska sida publicerar på internet alldeles utan självbevarelsedrift. Allt som blir kvar är profiler. Bilder av människorna vi inte är och aldrig har varit, men hoppas bli så småningom. En strävan efter att nå upp till den egna myten.

Jag minns en helt annan tid, med den här sortens uppvaknanden. Tekoppen, ljuset, hamnen utanför. Det var ett annat vatten på den tiden, lastfartygen från Hamburg stävade saktfärdigt in i gryningen. Men jag har fortfarande ett skrivbord med utsikt över hamninloppet, om än på andra sidan jorden. Och morgonen är en plats att skriva på.

Det har varit en svår tid. Jag har inte ägt mina morgnar. I sju veckor steg jag upp före gryningen och gav mig av. När jag kom hem var jag för trött för att skriva, och när jag inte skriver existerar jag inte. Då är jag bara en kringvandrande klump som inte vet varför hon finns till. Imorgon börjar jag jobba på mitt riktiga schema, vilket innebär eftermiddagar och kvällar. Jag hoppas att jag ska lyckas återfinna mina morgnar, sådana de såg ut i mars. I Valparaíso, med lapsang souchong. Att jag återigen ska bli till en skrivande människa i gryningen.

Vi har en julgran. Vet inte hur jag ska ställa mig till det. Vet inte heller hur jag ska hantera att jag sorterat kryddor idag, hällt över från påse till burk, klistrat nya etiketter. Och att det nu står ett bröd i ugnen och sprider en förfärlig hemtrevnad kring sig. För sanningen är fortfarande densamma som förut och en enda: det som finns är litteratur. Allting annat är död och lera, utfyllnad som påstår att dagen innehållit någonting viktigt. Lurendrejeri. Åtminstone om du är en människa som helst av allt vill skriva, håller texten högre än allting annat. Det sista jag vill vara är en människa som talar om att skriva, men inte gör det. Så slut på tramset nu, och åter till litteraturen!

Jag säger att jag inte skriver nuförtiden. Det betyder: jag tror inte att jag gör det. Jag skriver inte tillräckligt mycket och inte vad jag vill. Vad jag skriver: (minst) två A4 om dagen, lösa tankar om vad som helst. Mest blir det en form av dokumentation, fragment, tankestrån. Det innebär att det redan finns nittio nya dokument på min dator sedan nyår, etthundraåttio sidor text (i själva verket är det ännu fler, eftersom två sidor är ett minimum – vissa dagar skriver jag betydligt mer, men aldrig mindre). Ibland skriver jag dikter, jag har skrivit en massa akademisk smörja, då och då dyker det upp en novell.

Ändå säger jag att jag inte skriver. Vad räknas som att skriva? Jag vet inte.

Dyker in i det akademiska skrivandet och påminns där, inuti språket, om vad jag älskar med poesin: det ofärdiga. Att du tillåts formulera ett tankefragment vilket växer vidare bortom dig själv, i mottagarens tolkning, eller i den egna läsningen av samma text nästa dag när du redan hunnit bli någon annan.

Den akademiska texten gör anspråk på att binda ihop alla lösa trådar, eller måste åtminstone få det att framstå som att allt det sagda hänger samman genom en ovedersäglig systematik – trots att den liksom alla andra texter egentligen ställer fler frågor än vad den besvarar.

Men det är en vitamininjektion, ty i sällskap av den akademiska texten blir jag passionerat poetisk, börjar längta ut, till den plats där gränserna redan är sprängda och halvhjärtade associationer rimmar skevt på avskavda verbändelser. Jag trånar efter sammanfattningar som saknar logik, utsagor vars enda referenser hör samman med mina egna förvrängda minnen, staplade känslor vilka raderas vid meningens slut, upphostade kärlekar, gammal vånda. I sällskap av den akademiska texten blir jag poet igen.

Det borde finnas ett ord för fenomenet, den tomhet som uppstår när de som varit ens självklara följeslagare i mer än en månad plötsligt visar sig vara fiktiva karaktärer vilka glider undan efter sista sidan och försvinner in i ett ordlöst töcken, dit inga telefoner eller mailadresser kan nå.

Det finns ett ord: ensamhet.

Den skrivande människan är en kropp. En kropp skriver generellt sett, även om det finns undantag – kroppar som inte förmår, hjärnor vilka aldrig lärt sig eller förlorat kunskapen. Skrivandets process består ändå av rörelser, orsakade av elektriska impulser. Så hur kan vi påstå att skrivandet ska vara särskilt ifrån kroppen, tillkomma utan att bära vittnesmål om den hand vilken framfödde texten? En moder med sömnbrist skriver, ingen annan, inte en medelålders man, ingen ung kvinna med korslagda ben och välsmorda händer, en mamma med svårartat eksem på högra handen skriver, någon som ständigt måste avbryta den skrivande rörelsen för att klia, ilsket rispa upp huden med trubbiga naglars frenesi.

Men viktigare än den konkreta fysiska utformningen på den skrivande handen är den skrivande människans föreställning om sig själv som just det: skrivvarelse. Vem är en människa som skriver? Varför vill jag resa mig upp och brådstörtat skynda hem? Därför att enligt mina införlivade föreställningar om moderskapet genomgår kvinnan en metamorfos i det att hon tillåter ett barn att växa fram inom sig, och efter att den processen är avslutad återgår den egna kroppen inte till att vara hennes exklusiva egendom eftersom landskapet hos moderns kropp samtidigt representerar avkommans trygghet, till vilken barnet måste beredas oinskränkt tillträde för att inte ta skada. Den goda modern utgörs således av en tillgänglig kropp utan egna önskningar; barnets behov är även moderns, barnets tillfredsställelse nog även för att mätta hennes törst och längtan. I den mån detta inte stämmer åläggs modern att uppmäta en inneboende (storleksmässigt med diskrepansen korresponderande) skuld för att sona sin förbjudna längtan, bortom barnet.

Vad jag och många med mig glömmer bort, är att modern är samma kvinna som den hon var före barnet, att hon till och med lever inuti en kropp som väsentligen är densamma. Den tidigare individen har alltså inte utraderats, utan endast påförts nya erfarenheter och ett adderat ansvar för barnets liv och välmående. Barnafödandet förväntas kanalisera alla andra önskningar, och denna utsläckning av egenintresset betraktas som den normala processen. En moder som fortsätter att leva ut andra ambitioner, vilka inte står i direkt relation till föräldrarollen, reduceras enligt en sådan logik till en ofullständig moder. Hon har inte till fullo disciplinerats in i den ålagda rollen, varför hennes moderskap utgörs av brister och hålrum; den skrivande kvinnans skapande kan ersättas av barnet, men den omvända ordningen får aldrig bli till sanning. Då samverkar omgivningen för att ta villfarelsen ur henne.

Den sistnämnda processen, vilken inträder då omgivningen anar hotet ifrån en moder vilken inte låter sig inkategoriseras i den på förhand modellerade rollen, beror till stor del på rädsla. Män är rädda för att andra mödrar – i allra värsta fall kvinnorna de själva lever med – ska inse vidden av sin självuppoffring och börja opponera sig, medan kvinnors rädsla består i risken att drabbas av en insikt om vad som gått förlorat i onödan. För den som redan följt den utstakade självuppoffrande vägen vore det ytterst smärtsamt att plötsligt se hur hennes förmodat oklanderliga gärningar i själva verket var en spegelmekanism av männens fortsatta dominans, att hon genom sina osjälviska kärlekshandlingar (gentemot barnet) understödde en fortsatt patriarkal världsordning.

Mitt resonemang bygger naturligtvis på uppfattningar rotade i ett samhälle där det heterosexuella förhållandet accentueras; under andra omständigheter skulle våra könsroller och den individuella påverkan utifrån dessa också kunna se mycket annorlunda ut. Innebörden av en kvinnlig identitet blir först i sin position som *det andra* möjlig att definiera som en potentiell manlig ägodel. Den ovan beskrivna mekanismen utgör inte en av naturen given ordning, men illustrerar däremot hur omfattande kategoriseringens inflytande är, på samhällskroppen såväl som det mest privata i livet – även det vi trodde utgjorde vår autonoma tankesfär.

Ur allt detta försöker jag skriva mig fri, övertyga mig om den egna rätten att befinna mig på biblioteket istället för invid en spjälsäng i Majorna, men likväl: jag skriver om barn, moderskap. Till viss del för att döva mitt eget dåliga samvete. Kan jag inte vara där med min kropp låter jag åtminstone tanken dröja vid barnets sovande anletsdrag, de jämna andetagen i mörkret.

Det var en annan text jag skulle skriva, baserad på Michel Foucault. Jag ville beskriva den disciplin med vilken vi hålls fjättrade vid samhällsbygget, tänkte beskriva dess definitiva konsekvenser och de oväntade följdverkningarna härutav vilka tar sig synliga uttryck på människokroppen. Min avsikt var att kasta ljus över den disciplinerande funktionens slutliga stadier, manifesterade i nedbrutna axlar och dålig hållning, men jag gick vilse på väg igenom vintern och kom istället att avsluta årstiden som en simpel spårvagnsförare med medlemskap på dejtingsidor, halvtid med avkomman och dåliga matvanor. Alkoholiserad.

Den språkliga dräkten är det enda hölje vilket vi inte kan kasta av oss ens med tvång, det ligger i fuktiga lager rakt över själen och förtar essensen av allting. Vem är du bortom ditt språk? Du vet inte, eftersom föreställningar om identitet endast går att uttrycka genom ett upprepat samröre med språket. Jag har länge försökt att frigöra mig ifrån mitt eget språk, men lyckades endast lösgöra mig ifrån allting annat, inklusive mig själv. Jag har under de senaste månaderna raserat en familj och vår tillvaro i jakt på ett utrymme jag hela tiden hade inom räckhåll. Nu har jag utraderat den familjära (kvävande) samvaron, men har mindre tid än någonsin eftersom jag fyllt tomrummet med arbete, män och berusning. Jag vet att det förhåller sig så, ändå förmår jag inte bryta den framrusande berättelsen. Jag har för länge sedan förlorat kontrollen över mitt eget narrativ och ser numera varje dagsfragment som löst drivande partiklar vilka rör sig på ett svart vinterhav, som det jag fick beskrivet för mig av mannen på tåget; han berättade om de julaftnar han tillbringat ensam på en segelbåt utanför Tjörn, med de uppbrutna isflaken som enda sällskap. Om han inte varit så gammal hade han säkert blivit intresserad av mig, men han var alltför stolt för att nedlåta sig till en sådan banal känsla vid sin ålder. Fascinationen stannade vid en lätt lycka som ännu tryckte över bröstet när han såg mig försvinna iväg över den frostiga perrongen.

Under en lång tid hävdade jag ständigt att min person endast utgjordes av språk. Allting därbortom var lögn eller meningslös leda. Jag sade: det är ord jag har och ingenting annat tillhör mig i denna världen. Och det var sant, som saker alltid är sanna i ett komprimerat ögonblick då vi uttalar dem, innan de faller till marken. Sedan kom dagar då du såg på mig och jag var ingenting för vi saknade ett ordentligt språk att tala med. Orden gjordes omväxlande vassa eller trubbiga; de motsvarade ofullständiga verktyg. Språket var inte längre mitt eget, och då kunde inte heller jag vara jag. Ändå fortsatte vi upphäva språkets gränser. Bygga ut förståelsen, och därmed världen vi bebodde. Lösgöra oss ur språket och bli till kroppar som talade med universella tungor och utförde antika ritualer och sedan tystnade för att se. Vi såg på varandra.

Läser Vardagens ting av Marguerite Duras och tänker mycket på ensamheten, hur jag åtrår den. Att det är enklast att älska (de andra, alla och vem som helst) när de inte är där. Hur ensamheten är en förutsättning för skapande och timmarna i tystnad så oändligt viktiga. En essentiell ensamhet som jag slagits med hela mitt väsen för att återerövra. En tystnad att stiga in i, just som ett hav. Jag tänker på hur jag aktivt sänder bort människor, också de jag egentligen vill ha nära, för att stiga in i den där ensamheten. (Jag ber dem verkligen att lämna min bädd mitt i natten, att flytta, inte ringa.) Hur jag är allra lyckligast då, men också mest skamsen. De senaste veckorna har innehållit flera samtal som pekar på att de flesta människor inte har ett sådant enormt behov av ensamhet utan tvärtom finner det trevligt att göra saker tillsammans; kanske var det likadant för mig när jag var yngre. Att ensamheten utgjordes av tomhet. Nu är den navet i allting, det jag skulle kalla för: lyckan. En sorts intensiv tillfredställelse över att vara vid liv. Jag måste minnas min ensamhet och dess betydelse. Jag måste också minnas människorna och deras betydelse. Men utan ensamheten är jag ingenting. Det är inuti ensamheten allt det arbete sker vilket jag baserar min person på; utan den blir jag själv till en tomhet.

Jag äter verkligen alldeles förskräckligt likriktad mat medan jag skriver, uppfinner en rutin första dagen och kan sedan inte bryta den, det sker utan att jag tänker. Blir manisk, omedgörlig, besatt av en viss tallrik eller kopp. Sitter alltid på samma plats vid bordet. Är mån om att redan efter första dagen kunna berätta (för mig själv) vad jag alltid gör; missbrukar nyupptäckta rutiner. Skulle kunna fotografera samma stilleben varje dag och likheterna skulle framstå med förfärande tydlighet. Ingenting får rubbas – jag blir galen. Arbetet sker inuti, jag hinner inte fokusera på yttre omständigheter. Tappar zucchini på golvet och bränner mig på en förrymd vitlöksklyfta. Är med bokstäverna nu. Mitt största problem är gaffelns proportioner, måste skaffa en mindre, den här är gigantisk och förstör min dag. Jag hatar stora bestick med obruten frenesi, åtrår de smäckra dessertverktygens lättsamma vals över salladen.

Det är ett fullkomligt vanvett, och med fullkomligt menar jag: utan brist. Det är en kvav galenskap och känslan av att nästan ta sig igenom ett segt material som ändå aldrig helt ger med sig. Det är genom att förlora sig man gör sanningen möjlig att finna, eller i vart fall komma närmare – bara för att snart se den glida undan igen. Alla känslor existerar på samma gång utan att förta styrkan hos varandra. Det är sant att jag saknar min dotter, men det är likvärdigt sant att jag upplever en vansinnig lycka över min ensamhet och vad den ger upphov till – ingen av upplevelserna är halv, och de behöver inte korrespondera med varandra. Jag är uttråkad, inlåst, isolerad och svettig. Jag tror att jag ska vinna Augustpriset. Jag bestämmer mig för att aldrig skriva en enda rad igen. Jag är upphetsad och bränner mig på kaffe. Jag är sömnig. Mina händer luktar rök. Jag inser att texten bara är en ensam galnings pladdrande tankeström, och blir glad för att det är så. Leker med tanken på vad som är tillåtet att skriva, men leker verkligen bara med frågan eftersom jag för längesedan bestämt att svaret är: allting. Jag kan inte ta hänsyn, då rämnar allt. Allra minst tar jag hänsyn till mig själv.

Inser att det är samma övertro som är upphov till skadorna (i vid bemärkelse) som också räddar mig nu (och alltid). Jag är omätbart envis och det blir ständigt till mitt fall. Ger mig ut och cyklar fastän jag borde veta att det är farligt. Men det är också envisheten som får mig att med sammanbitna käkar varur knappt ens svordomarna når ut dra barnvagnen genom skogsterräng med min enda fungerande arm, och jag är stolt då. Övertygad om den egna förmågan. För det är bara övertron som kan få en att skriva och sedan trycka upp det i ansiktet på folk, vare sig det gäller texter här eller i bokform, och jag tvekar ofta – men när övertron drabbar mig fortsätter jag. Skriva och springa är för övrigt precis samma sak. Det gäller att låtsas att det bara gäller några sidor eller enstaka kilometrar, och sedan när en fått upp farten går det av sig självt, fram till kollapsen.

Dryga tre år och hundratals bordsytor senare är jag återförenad med mitt eget arbetsbord och den biografiska yta som fortsätter att fyllas med korta fragment som bleks och ersätts, liksom allting i livet; korta fragment som bleks och ersätts. Men arbetsbord består eftersom de symboliserar en strävsam rutin och jag tycker om att bo på platser där bordet står mitt i rummet och ropar, så att man måste kliva rakt ur sängen och genast börja skriva. Fast med omväg för att göra kaffe, såklart. Dagens fragment:

Jag ska ta de här händerna och lära dem att skriva igen.

Ilskan är sällan klädsam, särskilt inte för den som skriver.

Man kan skriva av sorg men inte för att rentvå sig. Man kan skriva av vanmakt men inte för att förklara sig. Man kan beskriva sina minnen men inte göra anspråk på sanningen.

För ett år sedan läste jag ett manus som gjorde mig blind av avund, eftersom det var bra. Det var skrivet av kärlek och sorg, en utmärkt kombination. Många förväxlade min avund med svartsjuka. De hade glömt att jag bryr mig mer om texten än livet. Förra veckan läste jag samma manus igen och blev förstummad över hur mycket sämre det gjorts, nästan oläsligt. Genom adderad ilska.

Det kanske
allra vackraste
är
när
man glömt
det första
exemplaret
av sin första
bok
på en bar
man-vet-inte-vilken

och säger
du
du

jag är för full
nu går jag hem
till rostat bröd.

blir aldrig en hyllad feministisk författare eftersom jag skriver sådant som
kvinnor inte står ut med att läsa
och inte män heller

trots att min mor sade åt mig att skriva det som efterfrågas

tror jag väntat
en sorts livstid
på dagen idag
psykologen sa
du har två barn nu
du har ditt barn

och en bok

tror jag förberett mig en sorts livslängd
på att vakna såhär
illamående och utmattad
med sköra slemhinnor
utan andetag

tror jag längtat och vetat och bråkat och strävat
och alltid brutit upp och farit vidare
för att vakna
hemma
idag

med min bok

1. Ta bort allting som du inte skäms över att publicera; det är blekt och färglöst, meningslöst, deprimerande.

2. Försök minimera innehåll och sidantal med tanke på tryckkostnader. Mät allting i vin.

3. Ta bort alla sidor som inte är mer värda än ett glas vin för dig, de är överflödiga.

4. Ta även bort alla sidor som är mindre värda än tre glas vin.

5. Drick upp vinet och försök en gång till.

DET LILLA DJURET

vill inte låta andra se
henne låsa cykeln
för hennes cykel
är en sådan sort
som enkelt sliter sig
och rullar iväg
lägger sig på trottoaren
och tramsar
vilket är okej
men det blir så pinsamt
om andra upptäcker
hur dålig pli hon har på den
så hon går ett varv till runt kvarteret
för att få låsa ifred
och känner sig obotligt
fånig

Min svaghet är min styrka,
det
att jag måste älska
det
att jag måste leva
det
att jag inte orkar att ge upp

Min styrka är min svaghet,
det
att jag måste leva
det
att jag måste jaga varje dag

rusa den utmattad
driva på flykten

det
att jag aldrig låter dagen stanna kvar.

I.

En man på stranden håller spegeln åt sin fru, hon kammar.
Arriba! Håll den lite högre.
De skrattar, scenen är gammal.
Han lär sig aldrig var rätt höjd sitter.

II.

Kvinnan i ärmlös klänning äter tortilla med precision – applicerar grön sås
omsorgsfullt. Resten av sällskapet dricker söta cappuccinos utan att bry sig om
hennes åtaganden.
Ser inte hur gränslöst vacker och viktig denna tortilla är,
naket förvirrad i sin storslagenhet.

III.

Restaurangägaren kallar alla för vän.
    "Tapas, my friend?"

Jag vet att det är ett säljknep, och lik förbannat går jag på det varje gång.
Känner mig utvald, älskad.
Beställer saker jag inte vill ha och inte kan betala för. Blir utslängd.

Den värsta sortens människor
sitter hemma

går på bio
handlar kaffe
den värsta sortens människor
gör allting

den värsta sortens människor
är vi

människor.

Har fallit i obeslutsamhet
dagarna breder ut sig
hotar att användas
eller inte
kan inte ens köpa lunch
vandrar längs hyllorna
en dålig konsument
tar inte ansvar

Bor i staden där jag inte bor
sover på lakanen
vaken
mellan dröm och verklighet
veknar i kanterna
konturen suddig
rödlackerar kinderna
vid minsta tilltal

Urgröps av blickar

övar osynlighetsleken

smiter ut ur provrum

obemärkt

kroppsspråket fyller åtta år med ballonger

språket i staden tillhör mig inte

inget av det är mitt

kroppen, språket, staden

Observatören observerar fel

tar mig för velig

trevlig att samspråka

röra vid

en gång var jag sten

utan koncentration framkastad

nu obestämd med naturlig fallenhet

för djup

förvirring

jag saknar de långa dagarna utan tid
nedlagd produktion
och kallt kaffe i kvarglömda koppar på bordet

jag saknar fotografier av ingenting
långa dagar i väntan
på någonting ännu inte definierat

jag saknar fönstrets gråskalor och årstiderna utanför
vattnets gång

jag saknar mening
nu när livet blivit meningsfullt
så fullt av mening
att jag inte får plats

jag saknar mig

Isande himlar mot ett nattsvart lopp
över detta vatten
färdas tiden
ingen har sett natten väga sin tärning i handen
ändå underkastar vi oss
utfallet

jag har tagit de här händerna
och lärt dem att andas
igen

en vinter att förbanna och hundra höstar
att sakna

isande timmar som sveper undan tiden

det är natt
det är fortfarande natt

klockan sover kattens sömn
ögon vakar
över vattnet
bortom bron, snön, drömmen

det finns:
en fiktion och en lägenhet

kravlista:
en enorm tystnad och nya ord att bryta sönder språket med

den här natten är tillräckligt vidsträckt

Om detta är mänsklighet
låt det läka
om dessa sår är sådana
vi får på våra händer
om detta är verklighet
låt den drömmas sönder
om nätterna här infaller på riktigt
och deras svar är sådana som
skrivs i historieböcker
om detta är mänsklighet
låt den veta att valet aldrig tar slut
besluten fattas varje dag
alla dagar är årets första snöfall
om detta är liv
låt mig veta

om detta liv
vill jag veta

Nätterna: de rör sig inte här
timmar av orörliga katakomber
vilka aldrig når tillbaka till sig själva,
endast djupare in i obegripligt mörker
Timmarna: de ser ut som förut
lika obönhörligt likriktade
som smaken
på mitt urvattnade
kaffe

och sedan dessa rop
tysta
röda
stunder av liv
lanternorna slår om
trafiken tilltar
bruset avtar
läppar finner svar utan andetag

Mörkertalen: räknar fingrar i snön

Lyckan: är ett ord

Vintrarna: har aldrig varit sig själva nog

Den första anstrykningen av vårljus
i norra Europa
För mig finns
inga andra verkligt djupgående
omständigheter
av väderlekfullhet
ty däri
värmer människorna sina ögon
för att se på varandra
och förstår att de överlevt
igen
men i triumfens rus omvandlas minnet
av en gigantisk ensamhet
till märken på kroppen
efter en gemensam strävan

Ingen minns hur storslagen
och hämningslös vintern var
med sina låsta dörrar och tysta fönster

Vi tror oss
ha klarat av allting
tillsammans
eller rentav: tack vare vår gemenskap

men på vintern var alla
mycket ensamma inför kylan
och sedan kom en försiktig vår
med sina för tidiga löften
och omförhandlade isolationens villkor
intill dess att människorna
i norra Europa
såg på varandra

Och jag bad dem: fortsätt se
allt det som gått förlorat
för att ni ska kunna återerövra
stolthetens paradigm
i nästa årstid
och bli sådana människor
vilka får lov
att verkligen kallas
människor
vid liv

Orakade ben

håret i en oreda

detta skoningslösa ljus

denna orörliga värme

mitt i obegripligheten

musiken

skjortan

uppknäppt

ge mig en knapp till

ge mig mer av allting.

en säregen dag i all sin väta
vi är urblekta tyger här

jag fladdrar för vinden
du fladdrar för vinden
annars

fladdrar vi för ingen

Från och med nu ska vi alltid svara när det ringer, om det är viktigt och den som ringer har förvarnat. Om det finns goda skäl och om vi inte är upptagna på annat håll. Kort sagt: ibland ska vi svara med glada tillrop. Och sedan spelas en instrumental låt och alla förstår att det var alldeles galet att svara men då är det naturligtvis försent. Då får vi stå vårt kast och genomlida konversationen, och sedan svarar vi aldrig mer.

Det som skulle varit våren känns som hösten, och dagarna når aldrig in i mig här. Ord är ord men stenar är bara skulpturer. Jag sa inte att jag var ledsen när jag sa att jag ville vara själv; jag sade bara ifrån. Det finns kantiga hörn på bord och böcker. Det finns lera att återskapa sommaren med. Ifall jag fryser om benen är det för att jag bär strumpbyxor, när jag ljuger är det för att sanningen tråkar ut mig, alla nya regn påminner om gamla regn. Jag sa inte att jag var ledsen, det bara såg så ut, på håll vid en snabb passage. Egentligen kunde jag vara vem som helst, och blev det. Natten var alltid tillgänglig, sömnen aldrig djup.

Tiden är en plats för att samlas bortom minnet
Minnet är en skog
där ingenting försvinner
allt blir kvar
bara dolt
i sin egen saga

Tiden är en plats för dem som inte hinner
Minnet blir till glömska för alla dem som brinner
fortare än ljusets hastighet
så fort att de brinner
upp

Tiden är en plats opåverkad av sinnet
lika lamslaget lakonisk
som timmarna som rinner som vatten mellan fingrarna
Minnet är en plats där ingen hinner
ikapp
sig själv

Minnet är en svampig avgrund med kraterstora hål
Timmar är den tid som måste borstas bort med tvål
Timmarna blir fler om de inte späds ut
men allt detta är krut
som brinner

Minnet är en tid som river eller rinner
Tiden är ett minne av vad du en gång ville
vara
innan andra drömmar slogs sönder
av tidens händer
jag vänder
i dörren
jag väntar
på flyget
jag längtar
till allting annat än döden

för definitionen av döden
är en plats
där det är för sent att skapa nya minnen
för sent att glömma
för sent att förlåta

Jag tror att döden är en plats där det är för sent att gråta
så gråt i ett sommarregn som faller i natt

Gråt för det vi glömde
och för allt som sprack
gråt för dina timmar och såren på min hals
gråt inuti ett stillsamt sommarregn i natt

Tiden är en plats för att samla på sig minnen
men minnen är kraterstora håligheter varur fingrar rinner
iväg med sanden eller tiden eller
hela själva djävla livet

Definitionen av existensen
är en plats för att tappa bort essensen
av det som verkligen fanns

Och alla dessa tider utan minnen
och alla dessa nätter utan svar
och alla dessa liv utan vinster
och drömmarna
som ändå vågar leva kvar

Jag säger: tänk på livet som en plats vi ännu har

(dikt till en kvinna jag en gång var)

Idiot
Lilla vackra pucko
Du! ja just du
är så dum att klockorna säger
tick-tack för maten

Du! är drömmarna som färgas röda i oktober
Du! är vårens första skuggor
Du! är den som aldrig vilar stilla ovanpå kudden
Du! kommer att gå sönder men du tror mig aldrig

för du är för dum
för att förstå
så du står
för att stå på
och står upp
för just ingenting
stackars dumma
plinge-ling

Idiotina
kläderna dina
är märkta av regnets vatten

Idiomina
händerna dina
saknar ännu märken efter natten

Idiolina
drömmarna dina
dränks i sista slatten
för du är dum som spån
ser inte att alla får skörda
samma frön som de sår

Ditt ansikte bär spår av natten
Den enda
den första och sista
(den enda)

Idiot
Lilla vackra vårsaga
Du! ja just du
till för att försvaga sinnet hos de allra bästa
jag menar de flesta

alla de som kommer jaga efter dina tunna armar
så snart du låter veta att de armarna är på språng

Idio-lina
händerna dina lovar allting som händer inte kan hålla
Måttfullheten var aldrig din sång
rösten rymdes inte i ditt sköte

och ändå så vaken
och ändå så redo
och ändå så säker på att lyckan alltid väntar

Balanserar du på en avgrund och tänker på kakor
Rumsterar du om och planerar för avfärd
Rustar du för sommaren fastän det är hösten du saknar

Idiot!
Lilla vackra mamma
Med barnet vid bröstet och sju sorters höfter
vandrar du runt och ställer till oreda
Med blicken i ögat fastän du ljuger
och säger att ingen är naken
Med drömmen om
det sista och det första
(och det enda)
som alltid kommer sedan

är du en kvinna värd att sakna.

I Småland går vi klädda i scarf och gips. I Småland dricker vi kaffe och skriver popdängor. I Småland äter vi antibiotika och dricker inget vin. I Småland spelar vi på ostämda pianon och följer knastriga grusvägar. I Småland tvättar vi sällan håret men ser mörkret falla över ladugårdstaket om kvällen. I Småland står vår historia tecknad på brevlådan. I Småland finns det kor. I Småland höjer vi näven och ropar *nu djävlar*, i Småland repar vi mod och sjunger kampsånger fastän bara fiskarna i sjön hör.

vi låser inte bilen

klättrar på taken

äter en sommarlunch

vi är vakna på nätterna

vi är vakna på dagarna

det finns takpannor stegar ställningar

större och mindre akrobater

ingen låser bilen

eller ytterdörren

mottagningen är dålig

vi kör traktor och håller oss vid liv

allt är som det alltid varit

förutom att de stängt ner lanthandeln

Vi åldras genom år skador minnen levnad glasen tårarna ciggen stegen hjärtana nätterna listorna lustarna ärren resterna låtarna den nostalgiska sjukdomen namnen vi ger varandra händerna som öppnas och stängs somrarna som kommer och går framgång och besvikelse och sedan blir vi aldrig mer yngre men alltid mer av oss själva oundgängligt lysande.

Nutiden luktar
vitlökssalt
grannen sitter på
samma plaststol
där han alltid suttit
utmed landsvägen
gräsklipparmotorn
ropar femton år tillbaka
i tiden
femton somrar
och samma lukt
av insjö
nyklippt gräs
bortsprungen ko
leriga stigar
svampen
har börjat gro

jag plockar
en fästing
från min dotter
styr pincetten
med gipsad arm
vi är här

vi är här igen och alltid

vi kommer aldrig fram

så jag gör ännu en sallad
vinnlägger mig om att
inte överdriva
användandet av vinäger
mosar banan
sjunger sånger
tallbarr och granmossa
i sängen

vi ska ingenstans
förutom överallt

nutiden luktar
minnen
luktar havssalt
förlorade clementiner
på bussen
i staden
stuvar undan röjda drömmar
stoppar pallad frukt
under tröjan
rymmer ingenting mer
än allt

samma granne
höjer handen till hälsning
utmed landsvägen
och jag höjer min
gipsade
som en bön om
förståelse
jag hör ändå hit
jag hör inte till

tillhör inte

men

luktar som
femton års minnen
av samma sommar

vitlök och utslagna tänder.

Dagarna skummad sand
när vi promenerar
till närmaste lekplats
fyrtio minuter
enkel väg
lätt att följa barndomen
tillbaka in i skogen
grusets knaster under däcken

badplatsen övergiven nu
sommargästerna borta nu
stugorna tomma nu
sjön vildvuxen nu
gungorna ensamma

du plaskar halvvägs ut
fyller gummistövlarna
med sista sommardroppen
årstiden som gick härifrån
eller aldrig kom
eller var någon annanstans
där inte vi var
stugbyn levde upp några veckor
nu blomstrar snåren
tunga av sporer

vill springa men saknar tänder
den vita huggormen
rör sig så snabbt att vi
inte ens hinner skrika
badplatsen tommare än början
på en kärlek

vi möter en enda människa
han hälsar inte
men hans paraply
syns längs hela viken
vitt mot grönt
tills det inte syns

dagarna sandigt skum
av regn som alltid fallit
sommaren som inte varit
medan vi rest runt
omkring
oss själva
för att undvika ett möte
med detta enda verkliga minne
av våra skratt
som fyller tomma stövlar.

Att omhändertaga eller omhändertas. Vi är många människor som är mycket av allt. Ibland mänskliga. I mataffären möter jag en vän. Det är som i ungdomen; livet sker på nära håll. När mörkret når ikapp kapslar jag in mig med skammen över att aldrig ha en klocka som går tillräckligt sakta, för tiden gör som vanligt precis som den vill. Upprepningar fyller ut kroppen. All min längtan är spräckliga katter, orken rinner längs horisonten. Det finns dagar då jag bara väntar på morgondagen. Mata eller matas, vaka eller vila, vänta eller störta, samla eller kasta. Min dotter rusar genom kvarteret och en vän står på trottoaren med hela väskan full av ingefära. Har redan glömt att jag lovat säga till ifall vi hinner träffas. Jag vänder ensam hemåt till mina svala lakan. Livet fullt av människor. Vi forsar omkring. Tejpar ihop våra narrativ en gång till. Försöker ta hand om varandra utan att trassla in oss.

Oftast inte helt rimligt men nästan alltid möjligt. Lever på gränsen två andetag från svaret och glömmer att jag vet. Hela hösten ryms i en kappficka ett ljus mitt sätt att alldeles indiskret gå ut framför bilar för jag kan ändå inte dö. Övertron, ansiktet, förhoppningarna. De ringer för att fråga när jag ska sova och jag svarar aldrig. Det är inte bra att göra så men det går. Den finaste stunden var när vi köpte lösgodis och gick i ett regn men jag fladdrar alltid undan bortåt utåt in i namnlösa nätter där varje golv rymmer en utmaning. Hela hösten och min gamla kappa. Samma andetag. Nya röster. Ditt hår. Du berättar att vi fått skabb och jag svarar att det mest intima man kan dela med någon är en hudåkomma. Vi lever på rävars vis, invid berget.

När blev
personerna i tidningarna
yngre än vi

När blev det för sent
När drogs vredet åt
När sprang tiden ifrån
När blev
en lovande framtid
synonymt med främlingskap

När blev vi museala
artefakter från en tid
som redan varit

När gick tiden
och gjorde oss till
monument
över vår egen tafatta ungdom
där ingenting blev sagt
eller gjort

När insåg vi att
nätterna redan blivit
till skyltfönster

När rann månaderna ymnigt
ur våra händer
in i kalendrar

Aldrig
min älskling

Aldrig

Ingenting lika missklädsamt
som en liten bitterhet
innanför tandköttet

Bit där det bränns och riv där det känns
Vi blir unga imorgon igen
och varje dag efter det
om vi vill
som vi vill

Oförståndiga med erfarenhet
Oroligt harmoniska i vår diversitet

Omättliga i själen och tanken

blöder min väg genom staden

efterlämnar märken

just där

skapar minnen

på gamla platser

ler åt tiden som finns

den röda cykeln har kantrat in i solen

tänderna spricker

som vårens knoppar

det är höst sådan den aldrig varit förut

kantiga äpplen och syrliga händer

blodspår från min byxbak

Rapportering om pumor på radion. De är solitära rovdjur som i princip bara umgås vid parningen eller om honan har ungar, men forskare har nu upptäckt att även obesläktade individer regelbundet delar mat med varandra, samt att de kan tänka sig att upprepa proceduren ifall det första mötet varit vänligt. Att likna sig själv vid en puma är såklart oförsvarligt pinsamt, men jag känner ändå viss förståelse. Och om jag ser mig som ett slaget kattdjur kanske ärret smälter bättre in.

Endless nights of July, screenings of the summer visible outdoors. Sleepless scuba diving in a temporary bathtub / lonesome lime eating / repeat. Trivial purchase of tiny chocolate figurines; my body swelled into a landscape suitable for hiking. And then this unarmed silence took us by surprise, naked once more on an opal shimmering cemetery where flowers held names of old dancing partners, dying in the subterranean hallway while we go to sleep. My darling, resting between napkins blue as clear daylight. Spreading her dreams all over a continent, never asking for glowing liquids inside bottles shaped like index fingers.

And in a low quality photography from last night you wouldn't see them smile, never slip into a smile, but with eyes telling stories not to be denied, because they were souls from other eras and always wild at heart. There's storms you can't tame and mothers and daughters not to be blamed for their kind. Low lipstick kinship, fast moving fools. You know, these women remain wild at heart and soul.

Belated relatedness. Routines for dummies, make it a play. Dress in low class high fashion, become a universe. These new friends are as much human as the old ones were, with organs pumping. Same organs, new memories. Old breakfast forks tying your feet to the ground. It's a new era, coffee still black as sin and deep holes. Hugs on a Monday morning are still arms creating circles. Unintended catastrophes caused by lentil dreaming. The time never runs smoothly between cut off index fingers on days when reality is just a glimpse between falling snow flakes and burnt out cigarettes, with old Foucault sleeping and new territories awakened.

When all just seem to lose grip, universe twisted around an angle, paperback life hacks never quite enough, pouring in and out, supposed to let go but still holding on to old time disappointments and broken toes - it's important to have a friend who tells you to put on your lipstick and keep it that way until the thick air once again turns into something breathable.

I'm half a world away and slowly burning. If you got a word to say, don't say it now, it's too late, the tide is turning. Lipstick lashes, lust and lonesome legs - living the loneliest love someone's ever fed. But I'm a badass koala and guess what. This woman was born wild at heart and soul, caressing her ceremonies and always returning to the freshness of spring that crosses through layers. I'm half a world away and slowly burning, but soon I'll be back and this time, I'll find a way to make the tide stop turning. At least temporarily.

For still being naive, to believe in communication in days like those, when everything is already way past. For trying to cope, gulping down coffees like double happiness just to stay alive. For aiming and avoiding and restarting and reaching out hands. For exploding and looking at a landscape at the same time. For all this I ought to be punished and the crime shall be named: still being naive.

SHE KNOWS IT'S REASONABLE TO CRAVE FOR HAPPINESS.